Hinweis für die Eltern

Dieses Buch ist ein Band der ENTDECKUNGSREISEN, einer außergewöhnlichen Sachbuchreihe für Kinder. Durch die einzigartige Kombination von Bildern und Text werden die Kinder dazu angeregt, die Welt mit eigenen Augen zu entdecken und zu erforschen, gleichzeitig werden sie mit Grundbegriffen in den Bereichen Natur, Wissenschaft und Technik, Geschichte und soziales Leben vertraut gemacht. Der klar gegliederte, leicht verständliche Text erläutert die Bilder in allen Einzelheiten und bietet ergänzende Informationen zum jeweiligen Thema.
Auch das »Nachschlagen« wird mit den Büchern der ENTDECKUNGSREISEN leicht gemacht. Sie sind die ideale Hilfe für viele Arten von Schulaufgaben und gleichzeitig sehr unterhaltsam. Die Kinder werden den Text und die Bilder immer wieder voll Vergnügen anschauen. Sie können den Wissensdurst Ihres Kindes aber auch wecken, indem Sie einfache Fragen stellen, diese im Kreis der Familie nachschauen und gemeinsam beantworten.

In und um die Erde

Die Reihe ENTDECKUNGSREISEN
wurde entwickelt und gestaltet von
DK Direct Limited

Consultant Chris Pellant
Editor Roz Fishel
Designer Tuong Nguyen
Series Editor Sarah Phillips
Series Art Editor Paul Wilkinson

Aus dem Englischen übersetzt von
Michael Schmidt
Redaktion: Barbara Zander
Korrektur: Silvia Rehder
Umschlaggestaltung: Horst Bätz
Herstellung: Dieter Lidl
Satz: Fotosatz Völkl, Puchheim

Die Originalausgabe mit dem Titel PICTUREPEDIA
The Earth wurde erstmals 1992 im Verlag
Dorling Kindersley Limited, London, veröffentlicht

DK Ein Dorling Kindersley Buch

Druck und Bindung: Graphicom
Printed in Italy

ISBN 3-88472-227-1

IN UND UM DIE ERDE

Christian Verlag

Inhalt

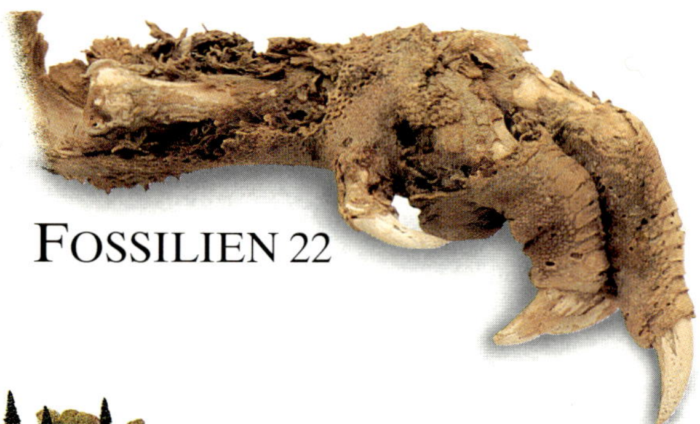

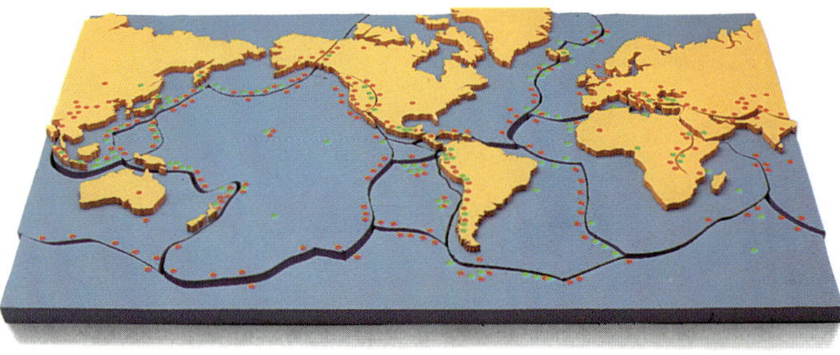

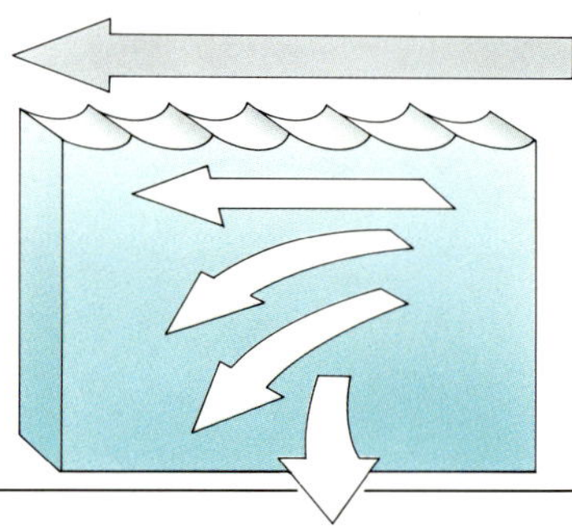

Die Erde im Weltall

Gestirne
Das Sonnensystem gehört zu einer Gruppe von Milliarden von Sternen und Planeten, die Galaxis heißt. Unsere Galaxis ist die Milchstraße. Sie ist so riesig, daß ein Düsenjet viele Lichtjahre brauchen würde, um sie zu durchqueren.

Uns erscheint die Erde ungeheuer groß, aber in der unendlichen Weite des Weltalls ist sie nur ein winziger Punkt. Sie ist einer der neun Planeten, die ständig um einen Stern – die Sonne – auf riesigen sogenannten Umlaufbahnen herumsausen. Sonne und Planeten zusammen nennt man das Sonnensystem.

Maß nehmen
Die Planeten sind unterschiedlich groß. Hier siehst du sie im Verhältnis ihrer Größe zueinander. Welches ist der größte, welches der kleinste Planet? Zwei sind fast gleich groß – welche sind es?

Verschiedene Welten
Der Mond umkreist die Erde. Er ist ihr Satellit und Nachbar, aber es gibt auf dem Mond kein Leben. Der erste Mensch ging 1969 dort spazieren.

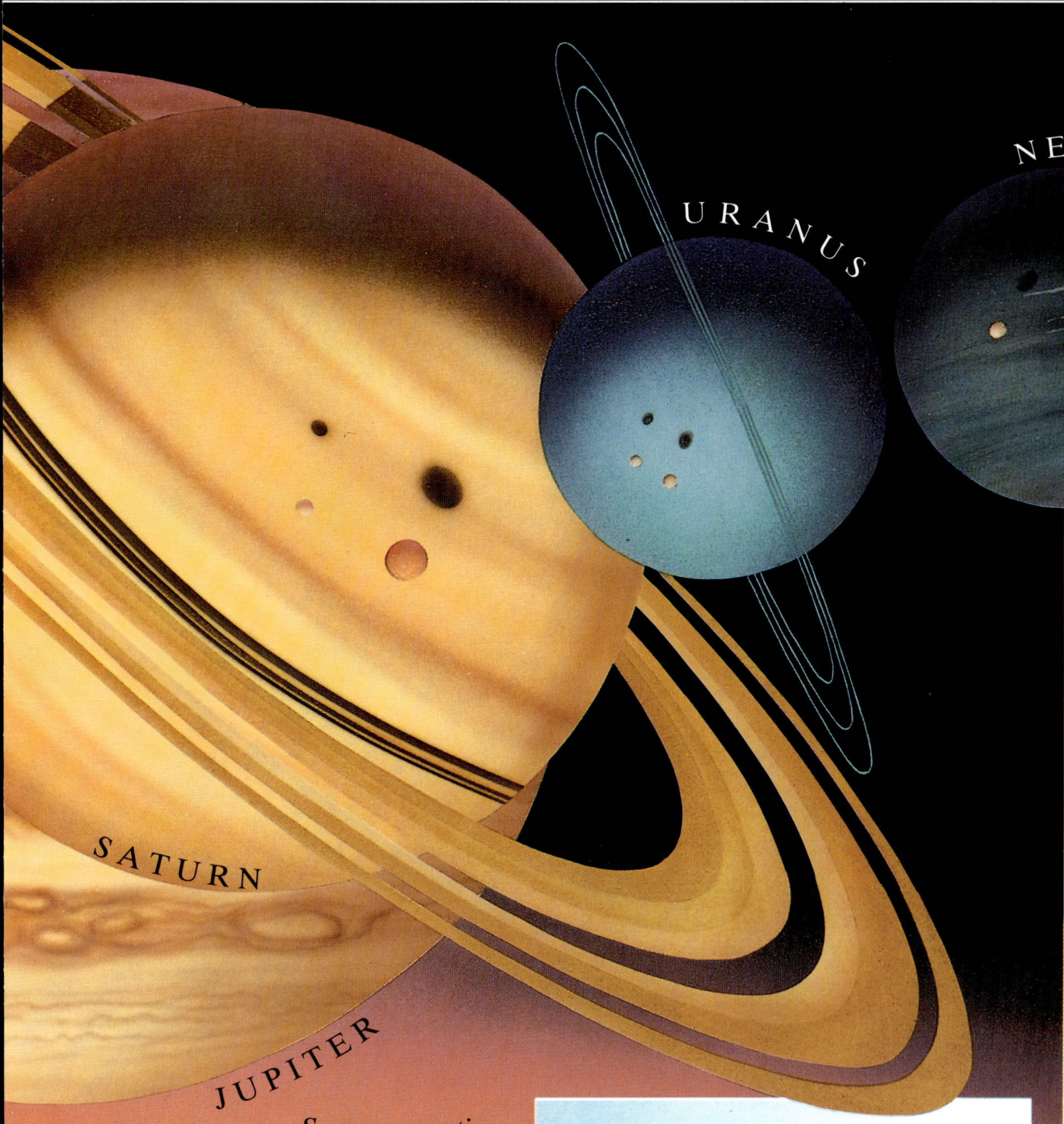

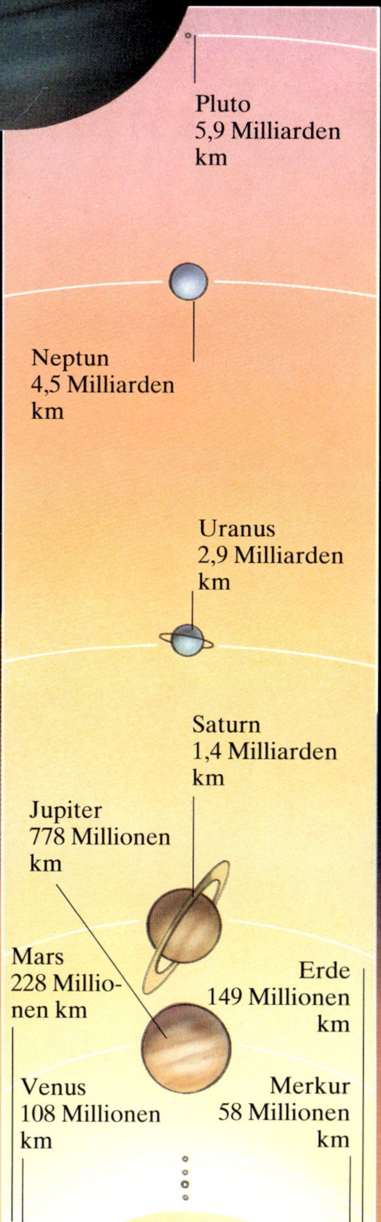

Die Sonne ist eine Feuerkugel aus Gasen. Sie gibt uns Wärme und Licht. Ohne Sonne wäre auf der Erde kein Leben möglich.

Sonneneruption, Tausende von Kilometern hoch

Gewichtszunahme
Hast du gewußt, daß die Erde jeden Tag schwerer wird? Winzige, unsichtbare Staubteilchen aus dem Weltall kommen ständig auf sie herunter – täglich insgesamt etwa 25 Tonnen.

Sonnenflecken sind dunkle Stellen auf der Sonnenoberfläche, an denen die Temperatur geringer ist.

Weiter und weiter
Die Planeten drehen sich auf eigenen Bahnen um die Sonne. Die Entfernungen der Planeten von der Sonne sind gewaltig.

Ein Blick aus dem All

Stelle dir vor, du bist ein Astronaut im Weltall und schaust durch das Bullauge deines Raumschiffs auf die Erde. Du siehst eine große, blaue Kugel, die von wirbelnden, weißen Wolken umhüllt ist. Deshalb kannst du auf der Erde schwer Einzelheiten erkennen. Wären die Wolken aber nicht da, könntest du Land und Gebirge, Meere und Flüsse sehen.

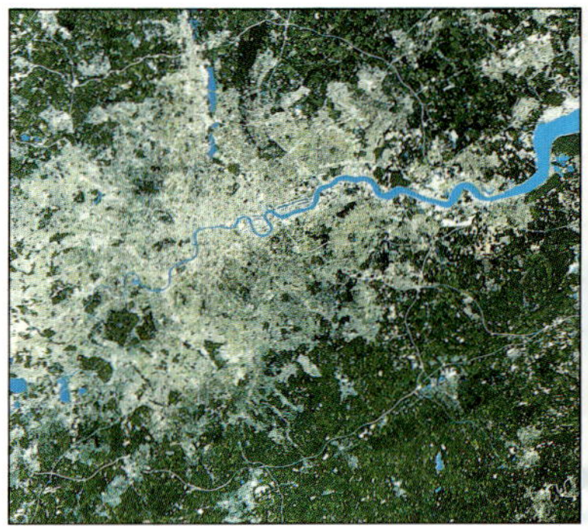

Im Visier
Dies ist ein Foto von London, aufgenommen aus dem All.

Großer Maßstab
Auf diesem Foto sind Teile von Ägypten, Israel, Jordanien und Saudi-Arabien zu erkennen. Oben ist das Mittelmeer zu sehen, unten der nördliche Teil des Roten Meeres.

Warum ist die Erde blau?
Aus dem Weltall sieht die Erde blau aus, weil sie zu über zwei Dritteln mit riesigen Ozeanen und kleineren Meeren bedeckt ist. Von manchen Stellen im All aus würde man fast nur Wasser und bloß eine winzige Landmasse sehen.

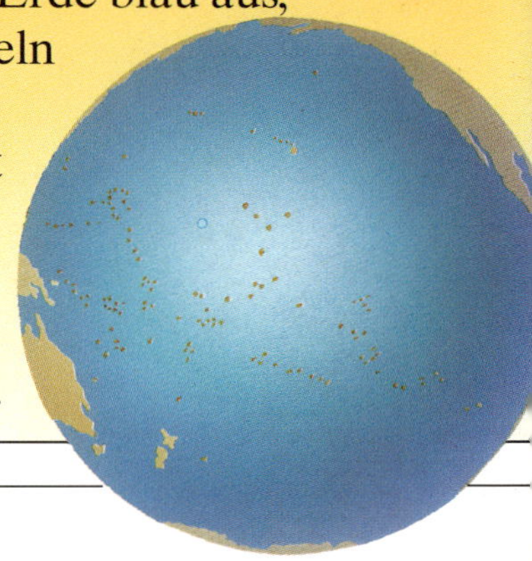

Blickpunkt
Wenn du mit der Mannschaft des Space Shuttle Columbia 6 im All gewesen wärst, hättest du beim Umkreisen der Erde den Himalaja sehen können.

Panorama
Dies ist das Gebiet von Japan, in dem die Stadt Tokio liegt.

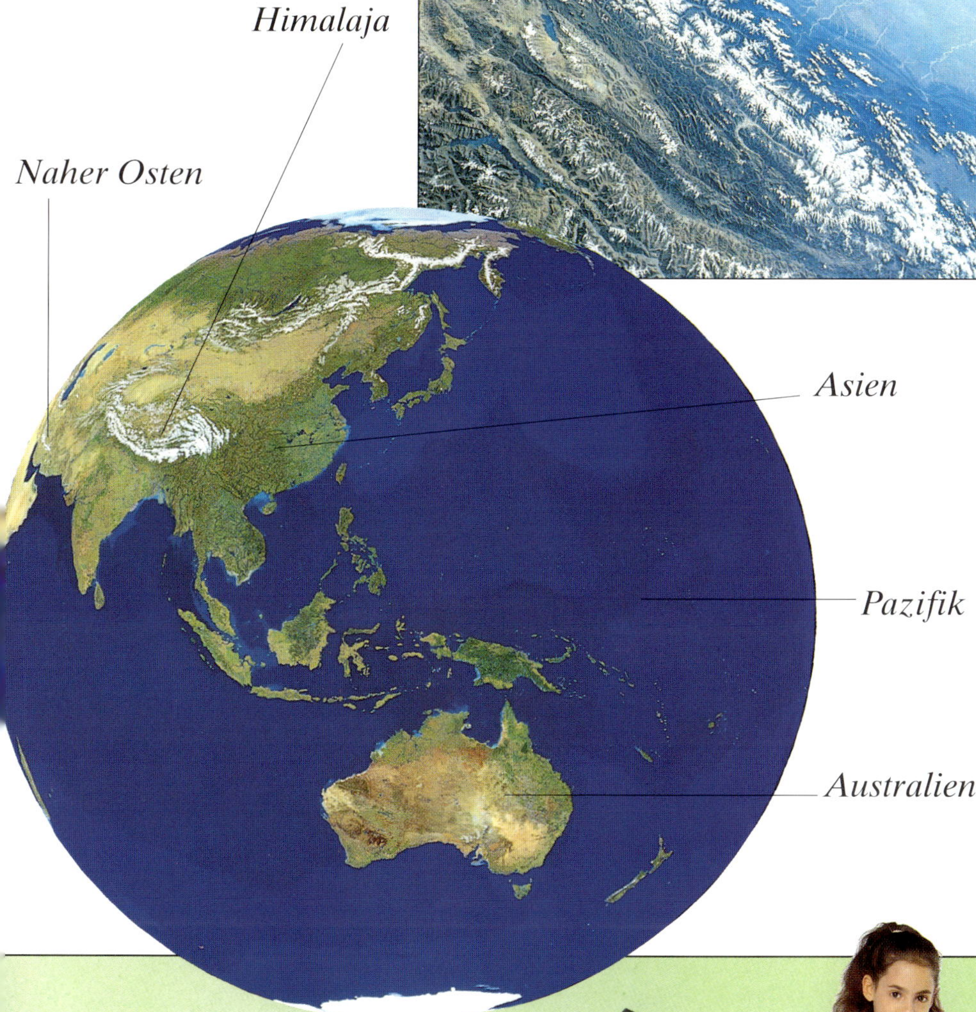

Lichtbündel
Nachts zeigen die Lichter der Städte, wo viele Menschen leben. Die dunklen Bereiche sind meistens unbewohnte Wüsten, Gebirgsgegenden und Ozeane.

Wie Karten entstehen

Die Erde ist rund wie eine Kugel. Auf einer Karte kann sie aber nur flach abgebildet werden.

Um die Erde flach zu machen, zerlegt man sie am besten in Segmente wie eine Orange.

Die Segmente werden flach ausgelegt und die Lücken gefüllt. Die Erdkarte bildet nun ein Rechteck.

Die Erdkruste

Die Erde hat eine sehr zarte Haut. Im Verhältnis zur gesamten Erde ist sie dünner als die Schale eines Apfels. Die Haut oder Kruste der Erde besteht aus Gestein, das sich im Laufe von Jahrmillionen in Schichten gebildet hat. Diese Schichten sehen aus wie unordentlich liegende Decken auf einem Bett, denn sie haben viele Falten.

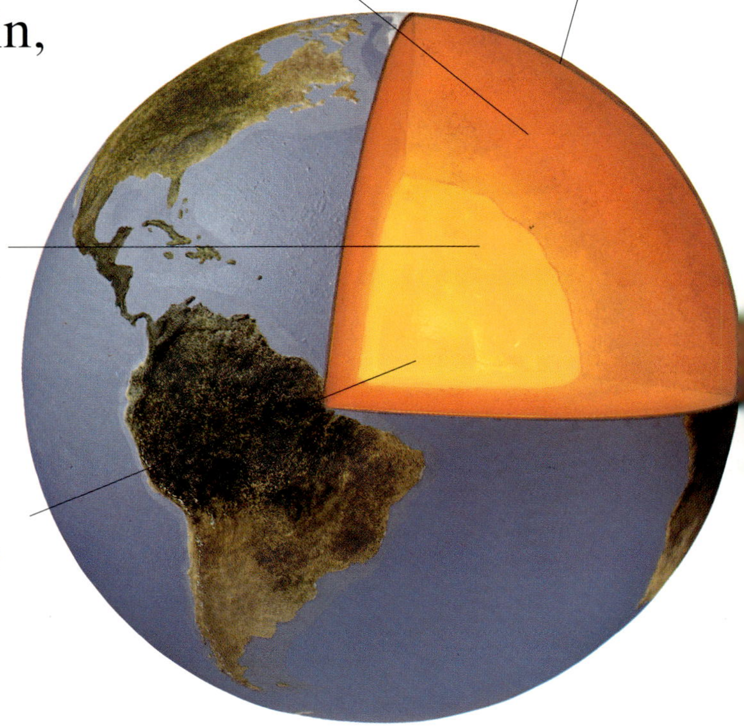

Wie Gebirge entstehen
Gebirge entstehen, wenn die Erdkruste in großen Falten hochgedrückt wird oder in Blöcken nach oben oder unten ausweichen muß. Die einzelnen Formen haben unterschiedliche Namen.

Das Meer liegt auf der ozeanischen Kruste, die am Rand unter die kontinentale Kruste sinkt.

Das Land besteht aus der kontinentalen Kruste. Sie ist dort am dicksten, wo sich Gebirge befinden.

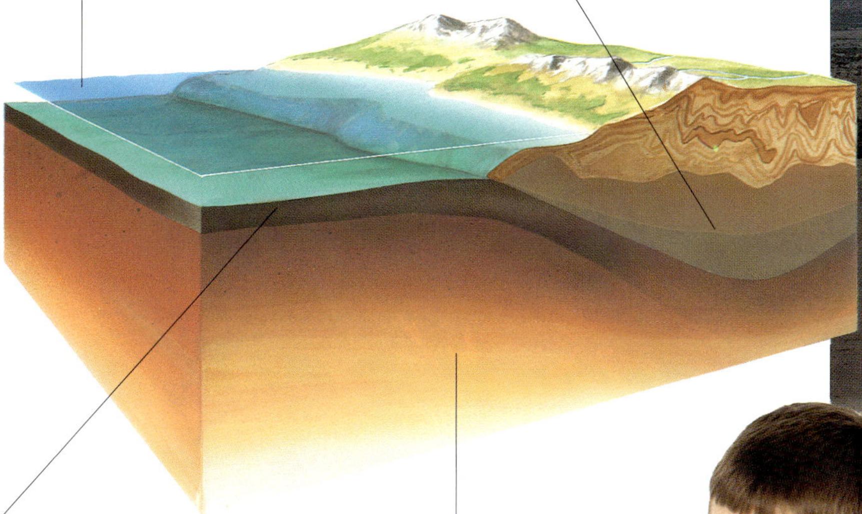

Unter den Meeren ist die ozeanische Kruste nur 6 Kilometer dick, aber unter den Kontinenten kann sie bis zu 70 Kilometer stark sein.

Mantel

Abgesunken
Dies ist eine Grabensenke. Sie entstand, als eine Landscholle zwischen zwei langen Brüchen, Verwerfungen genannt, in die Erdkruste absank.

Ein weiter Weg
Hast du gewußt, daß das tiefste Loch, das bisher in die Erdkruste gebohrt wurde, nur 12 Kilometer tief ist? Um bis zum Erdmittelpunkt zu gelangen, müßte man 500mal tiefer bohren.

Aufgefaltet
Hier ist das Land durch Bewegungen in der Erdkruste zu riesigen Falten zusammengeschoben worden. Man kann sehen, daß die Kruste aus zahlreichen Gesteinsschichten besteht.

Bewegliche Platten

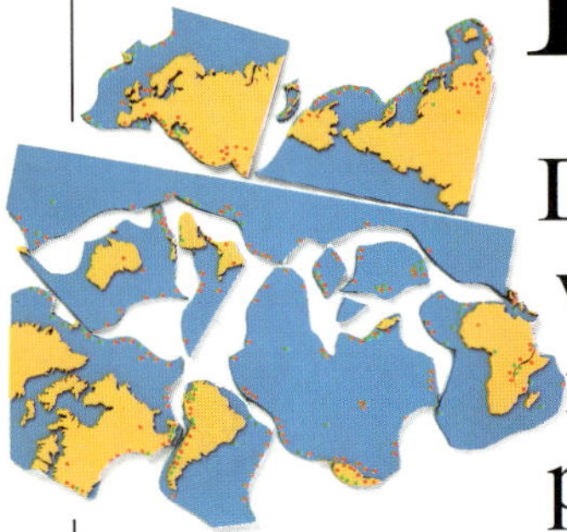

Die Erdkruste besteht aus vielen Teilen, die wie ein riesiges Puzzle zusammenpassen. Diese sogenannten Platten treiben auf weichem, teilweise geschmolzenem Gestein, das sich darunter bewegt. Wenn sie gegeneinanderstoßen, wirkt sich das dramatisch aus: Erdbeben sprengen die Kruste, Vulkane bilden sich, neues Land entsteht, und große Gebirgszüge falten sich auf.

Auffalten
Zuweilen stoßen zwei Platten zusammen und falten das Land zu Gebirgszügen auf.

Absinken
Gleitet eine Platte unter eine andere, wird sie in den Mantel hineingedrückt und schmilzt.

Spalten
Bewegen sich zwei Platten auseinander, steigt Lava durch die Lücke auf. Die Lava härtet aus und bildet neues Land.

Verschieben
Rutschen zwei Platten aneinander entlang, dann kommt es zu einem Erdbeben.

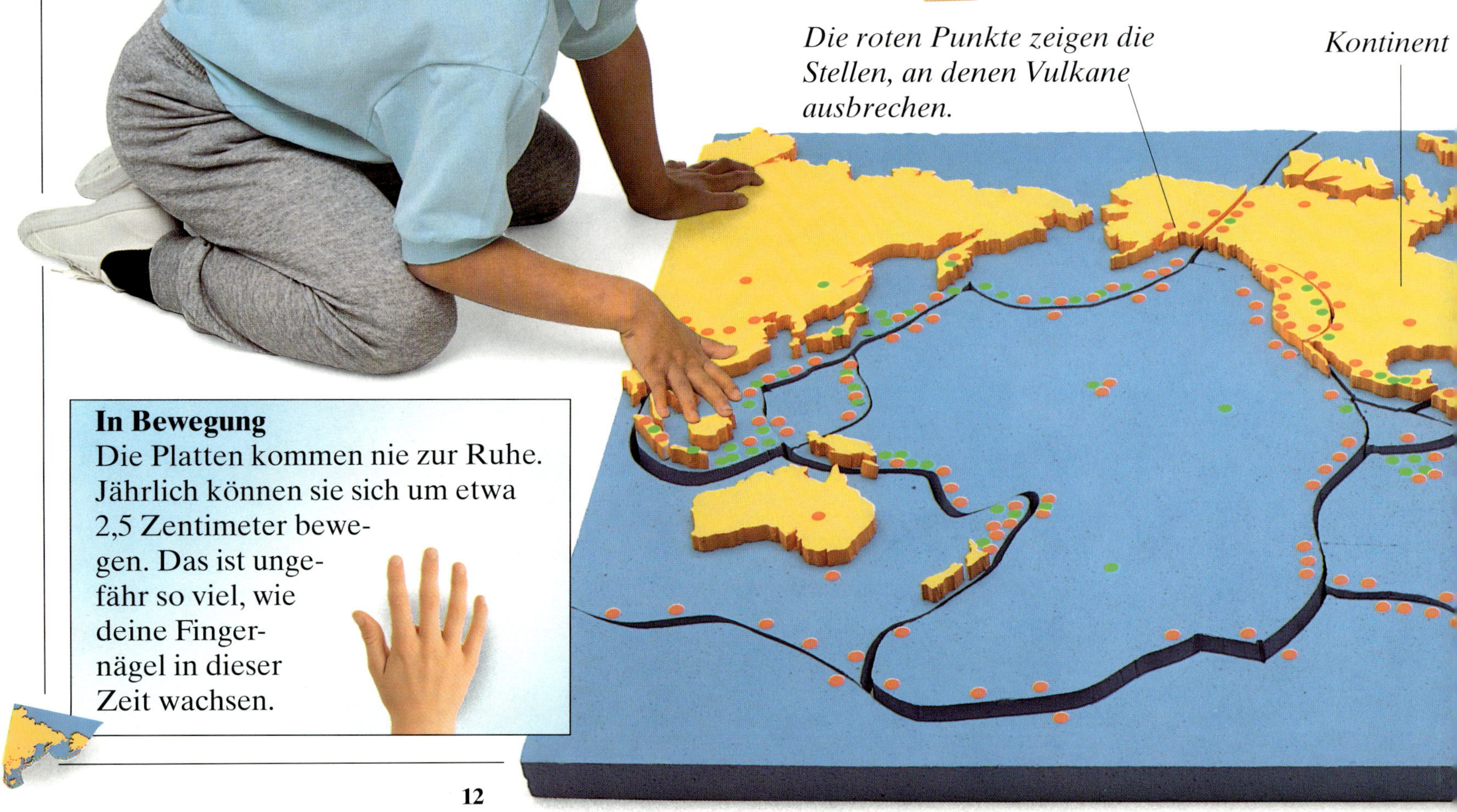

Die roten Punkte zeigen die Stellen, an denen Vulkane ausbrechen.

Kontinent

In Bewegung
Die Platten kommen nie zur Ruhe. Jährlich können sie sich um etwa 2,5 Zentimeter bewegen. Das ist ungefähr so viel, wie deine Fingernägel in dieser Zeit wachsen.

Vergangenheit, Gegenwart und Zukunft
Hast du schon mal überlegt, wie die Erde früher aussah? Hier siehst du die Bewegungen der Kontinente in den letzten 300 Millionen Jahren und wie sie vielleicht in 50 Millionen Jahren aussehen.

VOR 300 MILLIONEN JAHREN

Ortsveränderung
Das Land kommt zusammen, um einen Riesenkontinent zu bilden.

VOR 200 MILLIONEN JAHREN

Zusammenwachsen
Pangäa, der Superkontinent, ist entstanden.

Unruhige Erde
Diese Häuser und Straßen auf Island befinden sich an einer Stelle, an der zwei Platten aufeinandertreffen und das Land gespalten haben.

VOR 150 MILLIONEN JAHREN

Getrennte Welten
Das Land treibt wieder auseinander. Pangäa teilt sich in Laurasia und Gondwana.

Die grünen Punkte zeigen die Stellen, an denen es zu Erdbeben kommt.

Hier treffen zwei Platten aufeinander.

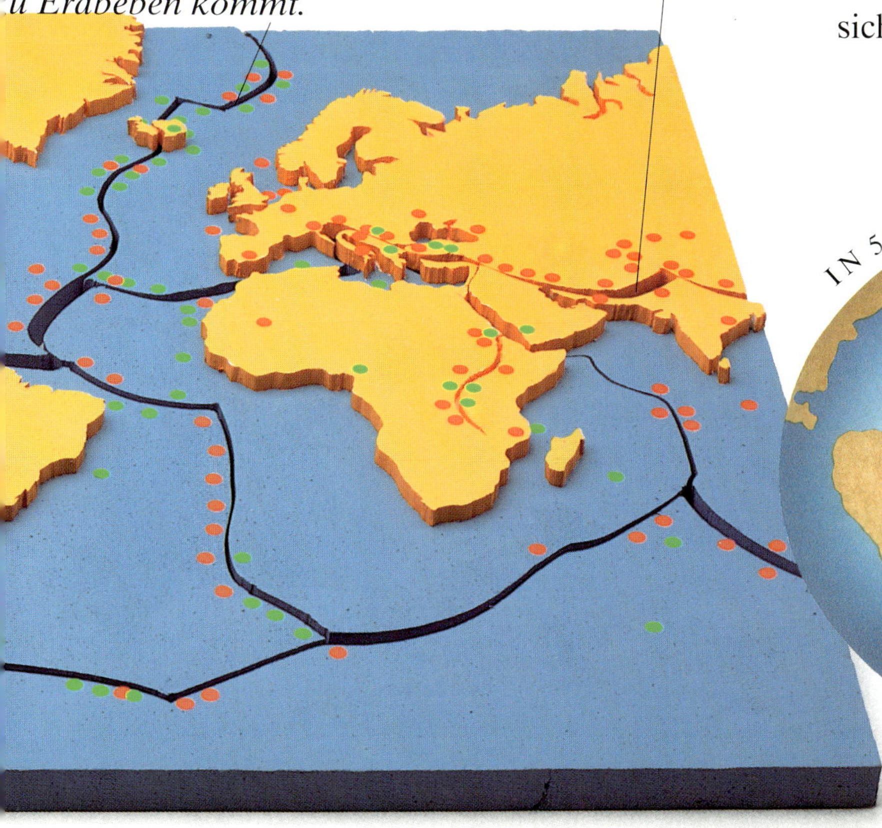

HEUTE

Vertrauter Anblick
Heute sieht die Welt so aus – aber die Kontinente bewegen sich weiter.

IN 50 MILLIONEN JAHREN

Vorschau
So etwa kann die Welt in 50 Millionen Jahren ausschauen. Siehst du, wie sich das Land verändert hat? Suche Afrika auf dem Globus und schau, wie es sich mit Europa verbunden hat.

Vulkane

Wenn du eine Getränkedose schüttelst und dann die Lasche aufziehst, spritzt der Inhalt zischend heraus. Etwas ähnliches passiert auch bei einem Vulkan. Mit ungeheurer Wucht bricht geschmolzenes Gestein durch schwache Stellen in der Erdkruste und wird hoch in den Himmel geschleudert.

Natur-Feuerwerk
Dieser Vulkan bietet einen atemberaubenden Anblick. Die aus dem Krater explodierende rotglühende Lava und die Asche sehen aus wie ein gigantischer Wasserfall aus Feuer.

Vulkane können sich ruhig verhalten und lange Zeit nicht ausbrechen.

In der Nähe von Vulkanen befinden sich oft heiße Quellen.

Die verschiedenen Vulkanformen

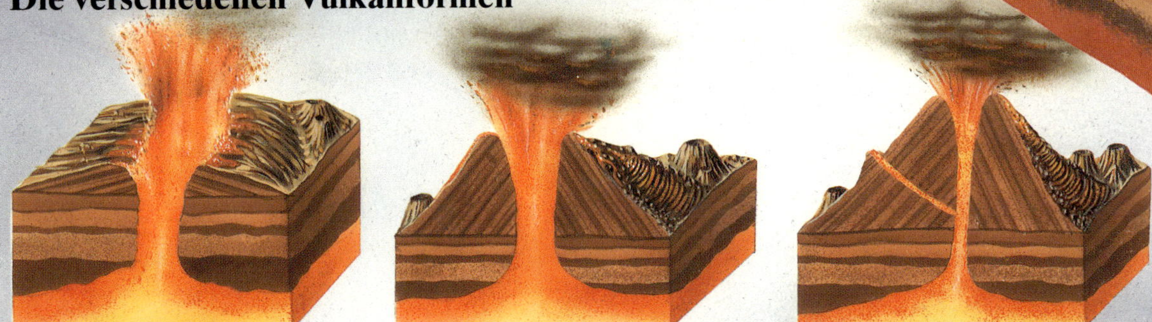

Ausgebreitet
Manche Vulkane sind flach. Ihre Lava breitet sich in einer dünnen Schicht aus.

Kurz und plump
Andere Vulkane sind gedrungen. Sie bestehen aus zu Staub zerfallener Lava.

Aufragend
Einige Vulkane haben spitze Kegel. Ihre Lava ist zäh und läuft deshalb nicht weit.

Flüsse aus Feuer
Das rotglühende geschmolzene Gestein, das an den Flanken dieses Vulkans hinunterfließt, sieht schön aus, ist aber todbringend. Es ist so heiß, daß es Stahl schmelzen kann.

us dem Krater ·ingen Wolken ıs Asche und as.

Geschmolzenes Gestein, sogenanntes Magma, steigt durch den Hauptschlot und die Nebenschlote auf.

Ein Vulkan besteht aus Asche- und Lavaschichten.

Nebenschlot

Magma sammelt sich in einer Kammer tief unter der Erde. Durch Spalten und Löcher im Boden drückt es nach oben.

Lavaformen
Nach dem Abkühlen und Aushärten bildet Lava verschieden geformte Gesteine. Hier drei Typen:

Brockenlava

Stricklava

Eine Vulkan-»Bombe«

Erdbeben

Unser Planet ist ein unruhiger Ort, denn alle 30 Sekunden rumpelt und zittert plötzlich der Boden. Die meisten dieser Bewegungen sind so gering, daß man sie nicht spürt, andere können zu schrecklichen Katastrophen führen. Große Risse erscheinen im Boden, Straßen wölben sich auf, Gebäude stürzen ein. Ganze Städte können zerstört werden. Dann ist alles wieder ruhig – aber total verändert.

Unsicherer Grund
Das ist die San-Andreas-Verwerfung in Kalifornien. Hier gibt es regelmäßig Erdbeben.

Schrecken des Meeres
Erdbeben unter dem Meer können riesige, zerstörerische Wellen hervorrufen, die sogenannten *Tsunamis*.

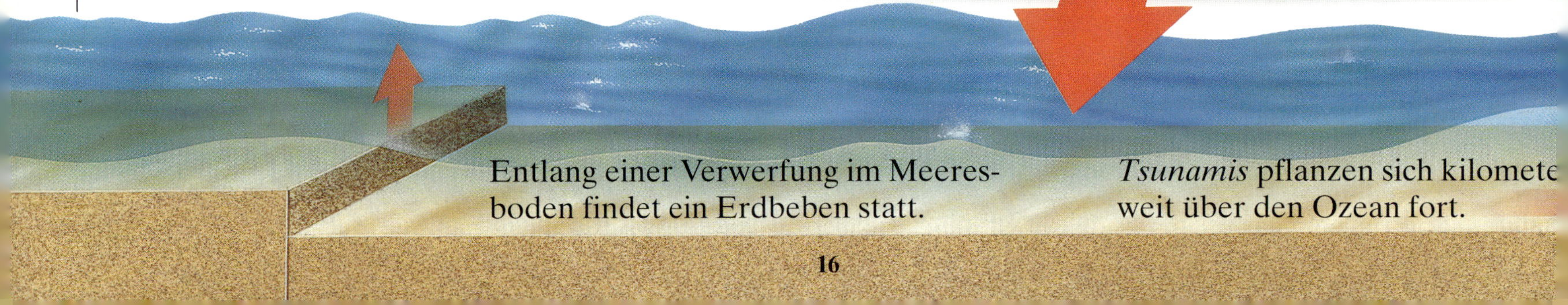

Wie es zu Erdbeben kommt
Du glaubst bestimmt, daß du fest auf dem Boden stehst, doch die Erdkruste bewegt sich die ganze Zeit. Sie besteht aus beweglichen Platten, und wenn diese aneinander entlang oder ineinander gleiten, gibt es einen Ruck im Gestein, der Schockwellen aussendet.

Erschütterung
Die in 12 Grade eingeteilte sogenannte Mercalli-Skala zeigt an, wie sehr die Erde bei einem Erdbeben erschüttert wird. Stärke 1 ist nicht zu spüren, aber bei Stärke 12 sind die Schockwellen zu sehen, und es kommt zu totaler Zerstörung.

Verwerfungslinie

Auf dieser Seite der Verwerfung hat sich das Land von dir wegbewegt.

Wie man sich bei einem Erdbeben verhält
Im Haus legt man sich unter ein Bett oder einen schweren Tisch oder stellt sich in einen Türrahmen. Wenn die Erschütterungen aufgehört haben, sollte man hinausgehen und sich auf einen freien Platz begeben.

Erdbeben-Begriffe
Die Stelle in der Erde, an der ein Erdbeben beginnt, heißt Herd. Am stärksten ist das Erdbeben gewöhnlich im Epizentrum. Es befindet sich direkt über dem Herd an der Erdoberfläche. Die Wissenschaft von den Erdbeben und den von ihnen ausgehenden Schockwellen nennt man Seismologie.

Zerstörerische Kräfte
Eine *Tsunami*-Welle türmt sich zu großer Höhe auf, bevor sie sich am Ufer bricht. Sie hat so viel Kraft, daß sie Häfen und Städte vernichten und Schiffe an Land fegen kann.

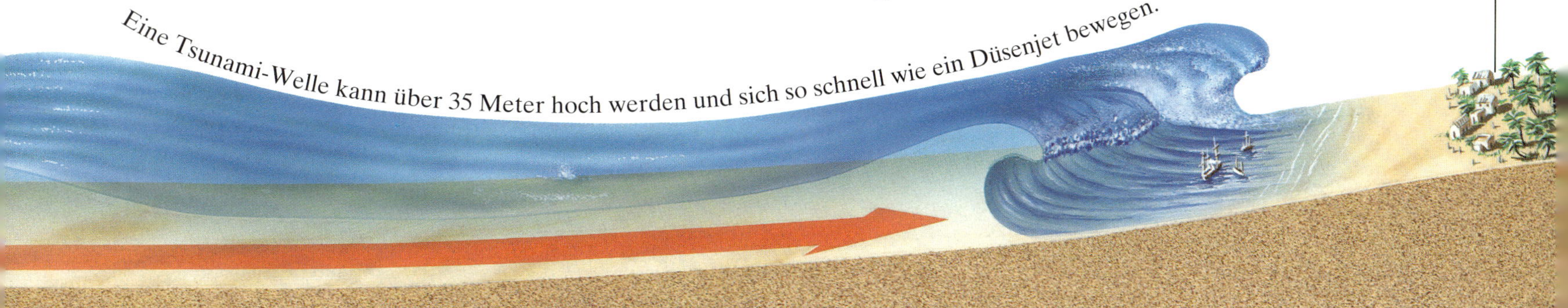

Gesteine

Bewegungen in der Erdkruste verändern langsam die Gesteine, aus denen die Oberfläche der Erde besteht. Gebirge werden aufgeworfen und abgetragen, deren Bruchstücke bewegt und in andere Gesteine umgewandelt. Diese können in den Mantel hinuntergelangen und in der starken Hitze dort schmelzen. Bei einem Vulkanausbruch werden sie als Lava an die Oberfläche geworfen. Diese wird hart, verwittert, und der Kreislauf beginnt von neuem.

Sedimentgesteine
Sie bestehen aus Gesteinsstücken, Pflanzen- und Tierüberresten. In feine Stücke zerbrochen, werden sie von Flüssen ins Meer getragen, wo sie Schichten bilden und zu festen Gesteinen zusammengepreßt werden. Die Bunte Wüste im US-Staat Arizona besteht aus Sedimentgesteinen.

Kalkstein

Trümmergestein

Roter Sandstein

Entstehung
Gesteine gehören drei Grundtypen an. Eruptiv- oder Erstarrungsgesteine bestehen aus Magma oder Lava. Sedimentgesteine bilden sich aus Schichten zerbrochener Gesteine. Metamorphe Gesteine können anfangs beiden Typen angehören. Sie werden auch Umwandlungsgesteine genannt.

Mit der Zeit werden aus Materialien, die von Flüssen transportiert und im Meer aufgehäuft wurden, Sedimentgesteine.

Gesteinsfragmente werden von Flüssen, Gletschern, vom Wind und vom Meer weiterbefördert.

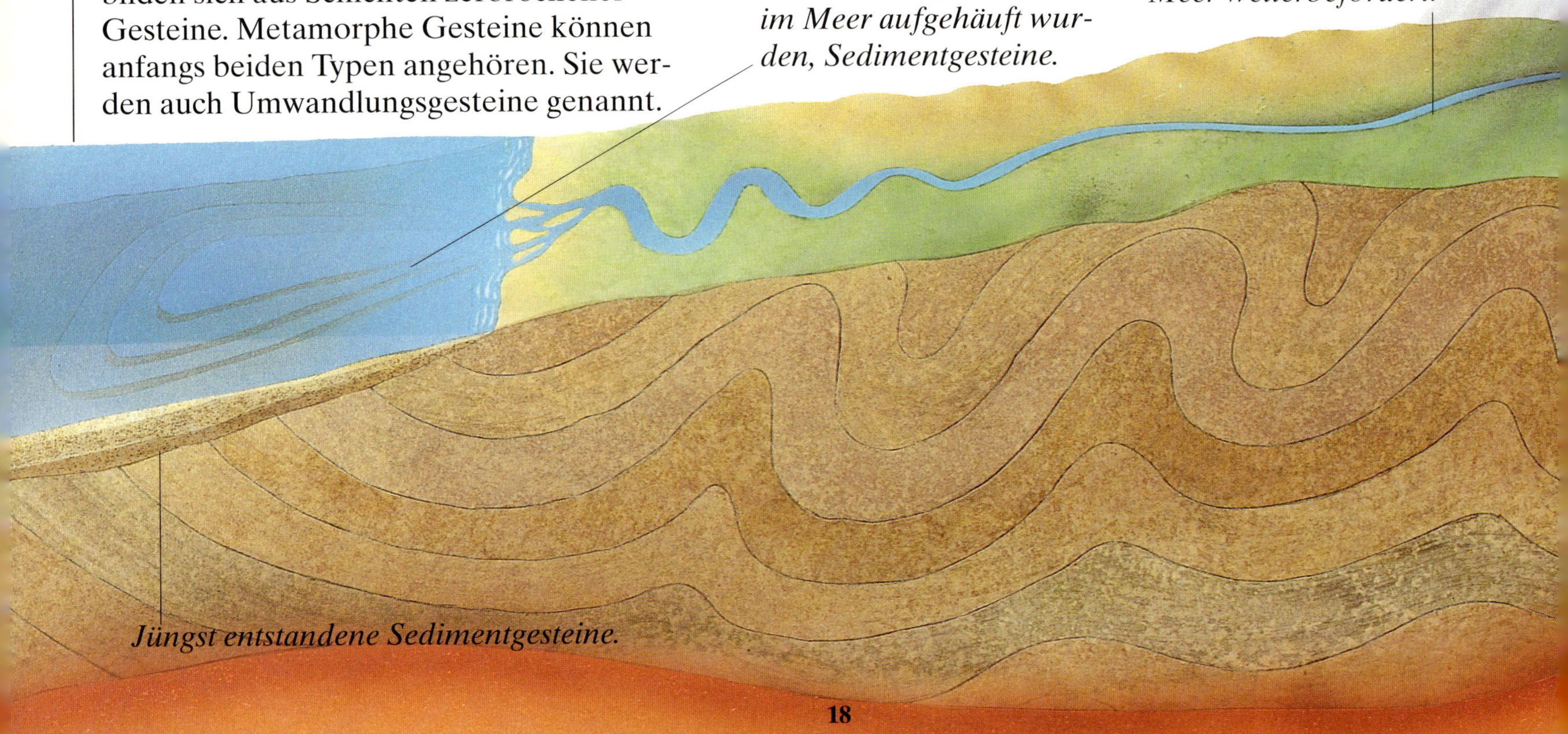

Eruptivgesteine
Sie entstehen aus Magma, das in der Erdkruste, oder aus Lava, die nach einem Vulkanausbruch an der Oberfläche auskühlt und verhärtet. Der Zuckerhut in Brasilien war einst ein Eruptivgestein unter der Erdkruste.

Obsidian

Granit

Marmor

Metamorphe Gesteine
Dies sind Eruptiv- oder Sedimentgesteine, die unterirdisch durch Hitze, großen Druck oder beides verändert wurden. Dieser Marmor war einmal Kalkstein, der sich durch sehr starke Hitze verändert hat.

Schiefer

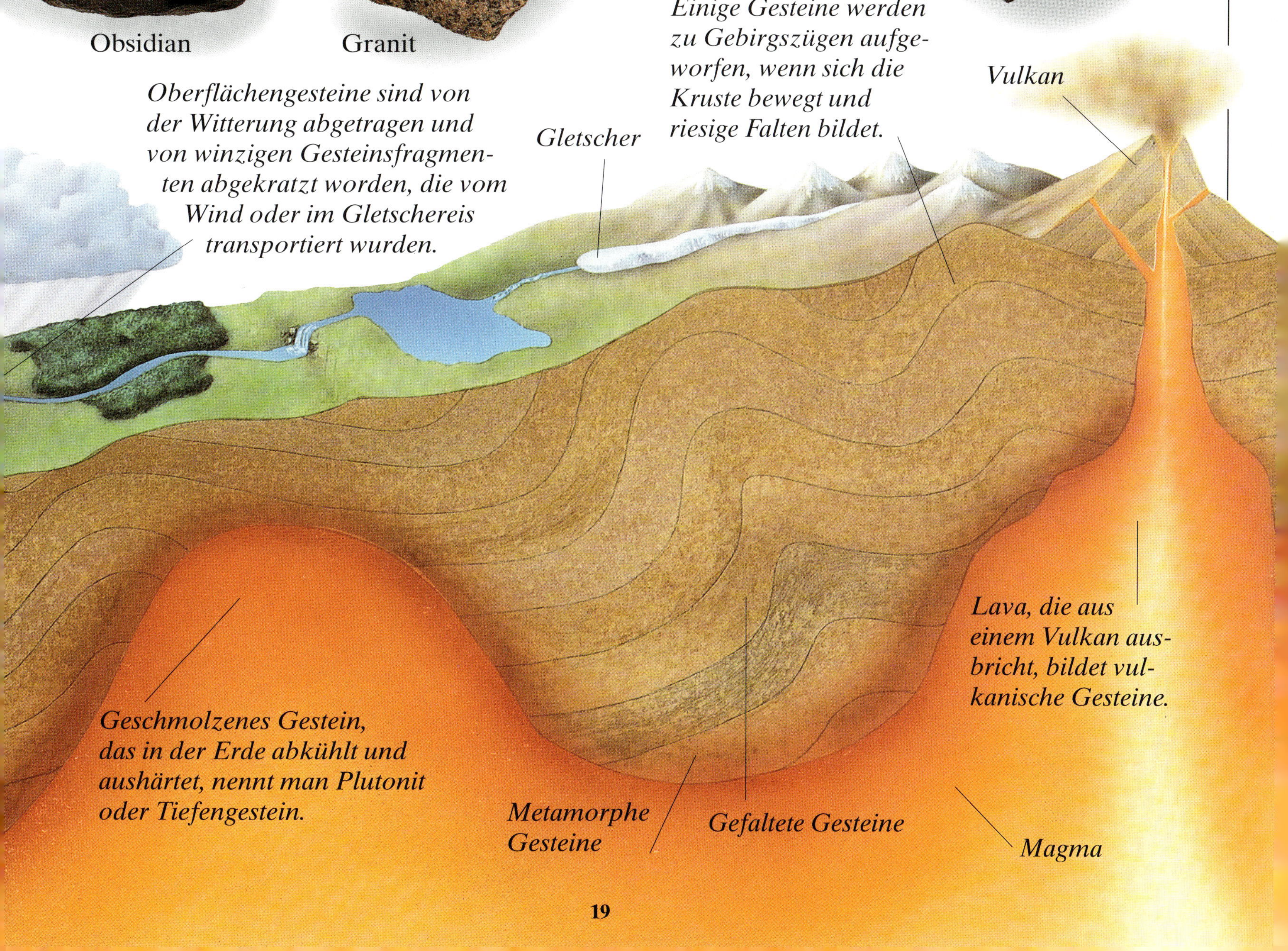

Mineralien

Wenn du Salz in dein Essen streust, einen Bleistift benutzt, Talkumpuder verwendest oder die Zeit von einer Quarzuhr abliest, hast du es mit Mineralien zu tun. Aus ihnen bauen sich Gesteine auf, und wir verwenden Mineralien für alles mögliche in unserem täglichen Leben.

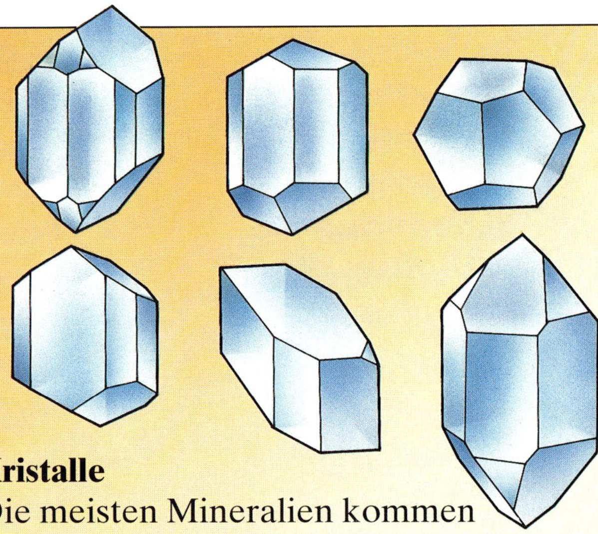

Kristalle
Die meisten Mineralien kommen in Kristallform vor. Es gibt Kristalle in verschiedenen Formen und Größen. Einige sind hier zu sehen.

Gesteinselemente
Mineralien sind die Bausteine der Gesteine. Einige Gesteine bestehen nur aus einem Mineral, andere enthalten viele davon. Granit zum Beispiel besteht aus Quarz, Feldspat und Glimmer.

Quarz

Granit

Feldspat

Glimmer

Erze
Mineralien, die Metalle enthalten, nennt man Erze. Hämatit ist ein wichtiges Eisenerz, aus dem Stahl hergestellt wird.

Hämatit, ein Eisenerz

Stahlschraube

Quecksilbererz

Flüssiges Gestein
Hast du gewußt, daß das flüssige Quecksilber in einem Thermometer einmal hart war? Quecksilber ist ein Metall, das sich in Gestein befindet. Es schmilzt sehr leicht und wird flüssig.

Quecksilberthermometer

Hart, härter, am härtesten
Es gibt weiche und harte Mineralien. Eine Härteskala umfaßt zehn Stufen. Sie heißt Mohssche Härteskala, nach dem Mineralogen F. Mohs, der sie 1912 einführte. Sie beginnt mit Talk, dem weichsten Mineral, und endet beim härtesten, dem Diamanten.

①

Talk

②

Gips

③

Kalkspat

④

Flußspat

⑤

Apatit

⑥

Feldspat

Selten und kostbar

Gold und Silber sind sogenannte Edelmetalle, die man in Gesteinen findet. Sie sind wertvoll, und aus ihnen werden Schmuckstücke und Münzen hergestellt.

Goldadern
n Quarz

Silber

Der Schliff

Rohdiamanten sehen aus wie kleine Kiesel aus trübem Glas. Ihr funkelnder Glanz zeigt sich erst, wenn sie geschliffen und poliert werden.

Gute Besserung

Der Gipsverband, mit dem Knochenbrüche geschient werden, besteht aus dem Mineral Gips.

:delsteine

:delsteine sind seltene und kostbare Mineralien, die hauptsächlich ür Schmuck verwendet werden.)iamanten, Smaragde, Rubine, ;aphire und Opale sind bekannte, vertvolle Edelsteine, aber es ;ibt noch viele davon, die veniger bekannt sind.

⑦

)uarz

⑧

Topas

⑨

Korund

⑩

Diamant

Fossilien

Stelle dir vor, du wärst ein Detektiv, der herausfinden wollte, wie das Leben auf der Erde vor Millionen von Jahren ausgesehen hat. Die besten Spuren findest du in Fossilien, das sind Überreste von Tieren und Pflanzen, die in Stein, Torf, Eis oder Teer bewahrt worden sind. Das kann ein Dinosaurierskelett sein oder ein winziges Pollenkorn.

Spurenlesen
Der *Allosaurus* jagte andere Dinosaurier. Aus den verschiedenen Fußabdrücken könnte man schließen, daß der *Allosaurus* den *Apatosaurus* verfolgt hat.

Wie ein Fossil entsteht
Ein totes Tier wird im Wasser oder an Land von Sand oder Schlamm bedeckt.

Der Sand oder Schlamm härtet zu einem Gestein aus, und die Knochen des Tieres bleiben im Gestein als Fossil erhalten.

Das Gestein wird aufgefaltet. Wind und Regen tragen die oberen Schichten ab.

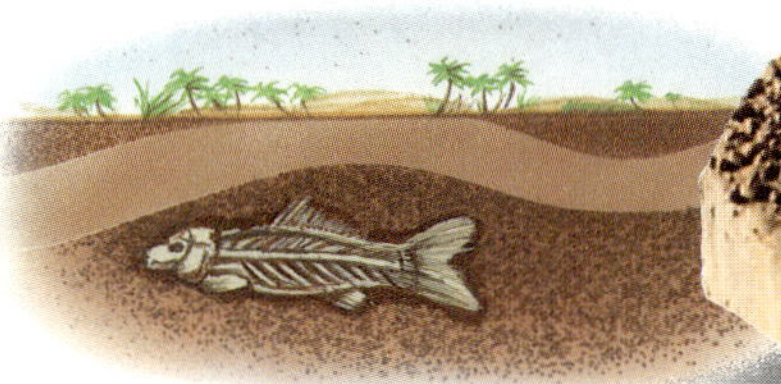

Wenn die oberen Schichten des Gesteins verwittern, wird das Fossil freigelegt.

Allosaurus

Vogelkrallenähnliche Spuren des Allosaurus

Zeuge der Vergangenheit
Als der Vesuv ausbrach und Pompeji begrub, blieb vom Körper dieses Hundes ein Hohlraum in der Asche, die um ihn aushärtete. Als man Gips hineingoß, erhielt man seine Körperform.

Apatosaurus

Libelle

Pappelblatt

Erstaunliche Funde
Hier kannst du unterschiedlichste Versteinerungen sehen.

Fisch

Gefangene der Zeit
Diese Spinne wurde in klebrigem Harz gefangen, das einst den Stamm einer Kiefer hinuntertropfte und dann zu Bernstein aushärtete.

Haut und Knochen
Am versteinerten Fuß dieses riesenhaften Vogels, einem Moa, sitzt noch Haut. Im Vergleich mit einer Kinderhand sieht man, wie groß dieser Fuß ist.

Tiefgefroren
Dieses Mammut wurde vor mindestens 12 000 Jahren in Eis eingefroren. Vielleicht war es in einen Sumpf geraten, und als der gefror, blieb der Mammutkörper im Eis erhalten.

Diese einen Meter großen Fußabdrücke stammen von einem Apatosaurus.

Energie aus der Vergangenheit
Hast du gewußt, daß Kohle und Öl fossile Brennstoffe heißen? Sie sind aus Pflanzen oder Tieren entstanden, die vor Jahrmillionen lebten.

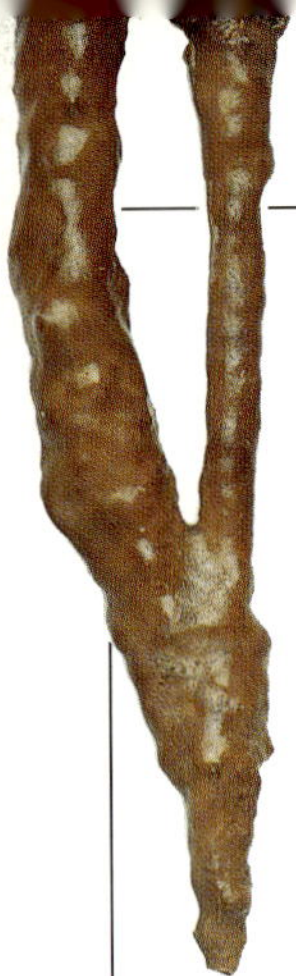

Höhlen

Höhlen befinden sich unter der Erdoberfläche. Zunächst waren sie nichts weiter als nur Risse oder Löcher im Gestein, die sich im Laufe der Jahrtausende durch stetig tropfendes Regenwasser vergrößerten. Die größten Höhlen gibt es in Kalkstein. Die größte der Welt befindet sich in Sarawak auf der Insel Borneo, und sie ist so riesig, daß dort 800 Tennisplätze hineinpassen würden.

Nach unten
Wasser, das von der Decke einer Höhle tropft, hinterläßt ein Mineral, das Kalzit heißt. Ganz langsam wächst es nach unten wie ein Eiszapfen. Das ist ein Stalaktit.

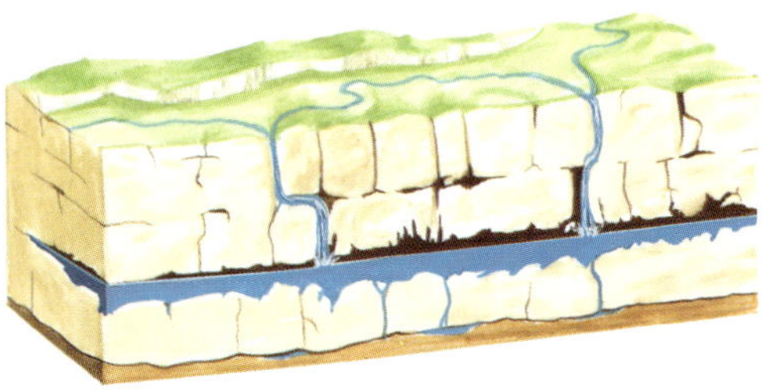

Tropf ...
Das im Boden versickernde Regenwasser ist leicht sauer und beginnt den Kalkstein wegzufressen.

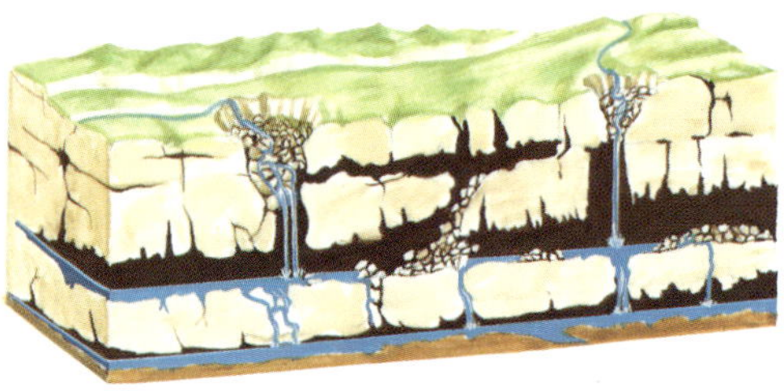

Tropf ...
Das Regenwasser frißt sich durch das Gestein. Es weitet die Risse zu Gruben, Gängen und Höhlen aus.

Tropf!
Im Lauf von Jahrtausenden können sich die Gänge und Höhlen zu einem riesigen unterirdischen System verbinden.

Kalkstein ist ein sehr häufig vorkommendes Gestein. Es besteht aus den Skeletten und Schalen winziger Meereslebewesen, die vor Jahrmillionen gestorben sind.

Dieses Strudelloch, eine Art Tunnel, führt direkt durchs Gestein nach unten. Es wurde durch einen Bach gebildet, der das Gestein abgetragen hat.

Der Bach verschwindet unter der Erde in einem Strudelloch.

Lavatunnel
Höhlen gibt es nicht nur im Kalkstein. Diese besteht aus Lava und befindet sich in einem Vulkan auf Hawaii.

Einsturz
Zuweilen wird aus einer Höhle eine Schlucht, wenn nämlich die Decke einstürzt und die unterirdisch verborgenen Höhlen und Stollen zugänglich werden.

Nach oben
Wo Wasser auf den Höhlenboden tropft, wachsen Kalzitsäulen nach oben, das sind sogenannte Stalagmiten.

Ozeane

Über zwei Drittel unseres Planeten sind von Wasser bedeckt – 71 Prozent der Erdoberfläche bestehen aus Ozeanen und Meeren. Unter den Wellen liegt eine faszinierende Landschaft. Der Meeresboden ist größtenteils eine riesige Ebene, aber es gibt auch Felswände, Gräben und Gebirgszüge, die dort unten viel größer sind als auf dem trockenen Land.

Meeresströmungen
Sie zeigen die Richtung an, in die das Wasser fließt.

Kalte Strömungen

Warme Strömungen

Ebbe und Flut
Das sind die Gezeiten oder Tiden, die dadurch entstehen, daß Sonne und Mond die Ozeane anziehen. Wenn Sonne, Erde und Mond auf einer Linie liegen, gibt es große Springtiden.

Unterwasserschluchten entstehen durch Strömungen, die wie Flüsse über den Meeresboden fließen.

Unterwassererhebungen mit flachen Kuppeln heißen Guyots.

Gräben können tiefer sein als die höchsten Berge an Land.

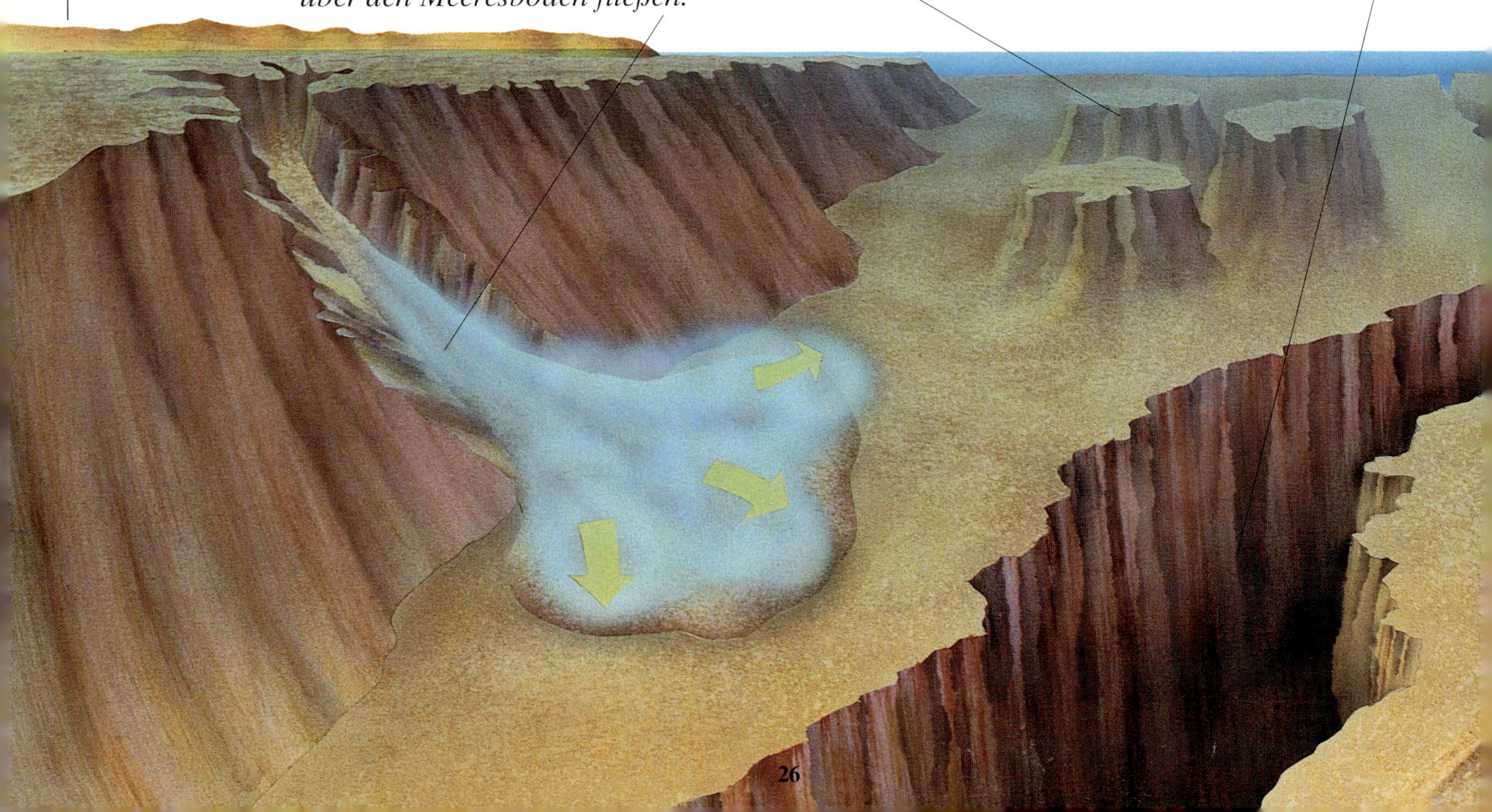

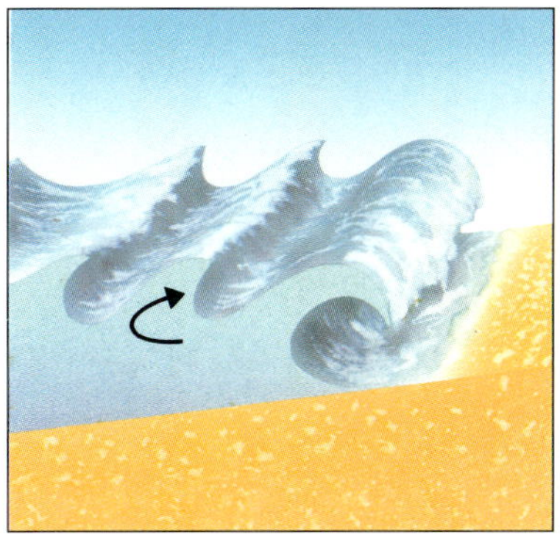

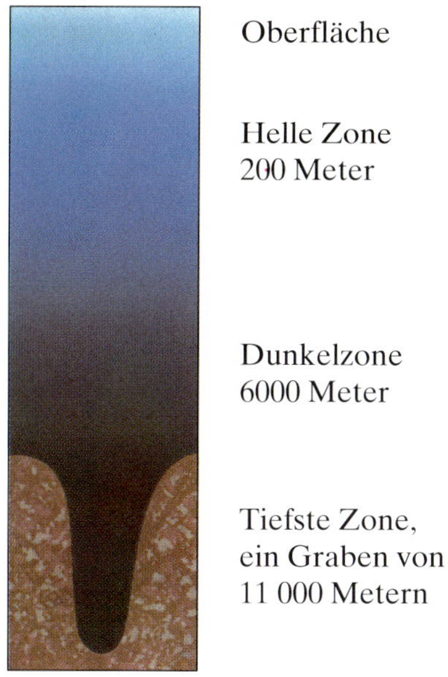

Sie rollt …
Das Wasser in einer Welle bewegt sich ständig im Kreis. Der Wind treibt die Welle vorwärts.

rollt …
In der Nähe der Küste verändert sich ihre Kreisform, sie wird zusammengedrückt.

und läuft aus.
Sie kommt aus dem Gleichgewicht. Am Strand angekommen, überschlägt sie sich und läuft aus.

Dunkle Tiefen
Selbst in klarem Wasser kommt das Licht der Sonne nicht weit. Je tiefer man hinunterkommt, desto dunkler werden die Ozeane, bis alles tiefschwarz ist.

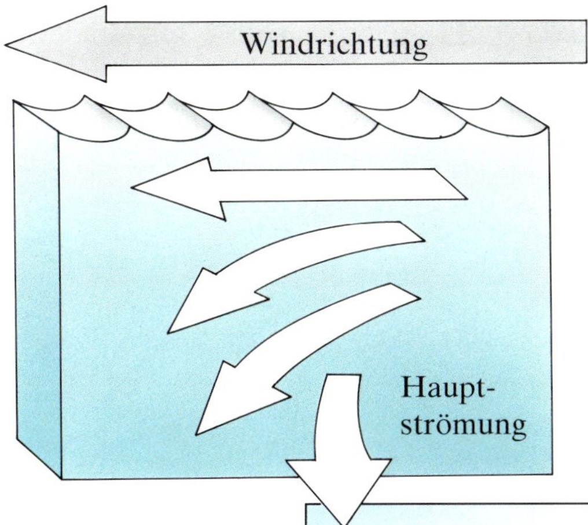

Meeresströmungen
Die Richtung dieser Strömungen hängt vom Wind und von der Erddrehung ab. Der Wind bläst die Ozeane an der Oberfläche vorwärts, aber wegen der Erddrehung bewegt sich das Wasser darunter spiralförmig.

Ewiges Eis
In der Antarktis und der Arktis gefrieren die Ozeane. Eisberge, die von Gletschern abbrechen, treiben im Wasser. Nur ein kleiner Teil eines Eisbergs ragt aus dem Wasser heraus.

Küstenlinien

Hast du schon mal eine Sandburg gebaut und dann zugeschaut, wie das auflaufende Meer sie einsinken und verschwinden läßt? Das gleiche geschieht mit der Küstenlinie, an der Land und Meer aufeinandertreffen. Die Küstenlinie verändert sich ständig, weil ununterbrochen die Wellen an Land schlagen und es entweder abtragen oder in neuen Formen aufbauen.

Wellenwerk
Wenn Höhlen an beiden Seiten einer Landspitze zusammenkommen, entsteht ein Bogen. Stürzt der Bogen oben ein, entsteht ein Felspfeiler, den man Brandungssäule nennt.

Wellenkraft
Wellen schlagen auf die Küstenlinie wie ein riesiger Hammer, bis große Gesteinsbrocken abbrechen. Sie werden vom Meer weggetragen und an einer anderen Stelle wieder an die Küste geworfen.

Vom Gestein zum Sand
Wellen rollen Steine und Brocken auf dem Ufer vor und zurück. Dabei lösen sich die Brocken zu Kieseln auf, und die werden zu winzigen Sandkörnchen. Das dauert allerdings Hunderte oder Tausende von Jahren.

Wandernder Sand
Dünen bestehen aus Sand, den der Wind zu flachen Hügeln aufgetürmt hat.

Ein Ästuar ist eine besondere Form der Flußmündung.

An Meeresklippen kann man am besten die verschiedenen Gesteinsschichten erkennen.

Schlickwatt und Polder

Wenn Wellen Sand, Schlick und Kiesel aufhäufen, entsteht ein Streifen neuen Landes – eine Sandbank.

Lebendes Gestein
Korallen, die man in warmen, flachen Meeren findet, bestehen aus winzigen Meerestierchen. Im Laufe von Jahrtausenden bilden sich aus ihren Skeletten riesige Korallenriffe und -inseln.

Gletscher

Ein Gletscher ist wie ein großer Fluß aus Eis, das aus kleinen Schneeflocken entstanden ist. Wenn viel Schnee fällt, wird er im Lauf der Zeit von seinem eigenen Gewicht zusammengedrückt und zu Eis. Ein Gletscher »fließt« sehr langsam bergab. Da er aber sehr schwer ist, kann er Gestein wie ein Bulldozer schieben. Er kann Bergflanken abtragen, die zackigen Ränder von Felsen abschmirgeln und riesige Brocken über enorme Strecken transportieren.

Berge

Zunächst sind Gletscher große Schneefelder.

Der Schnee sammelt sich in Hohlräumen und wird unter seinem eigenen Gewicht zu Eis.

Gletscher bewegen sich gewöhnlich sehr langsam bergab – nur ein paar Zentimeter täglich.

Das Eis beginnt sich zu bewegen und die Seiten und den Boden der Höhlung abzuschaben. Nach und nach verändert es die Form des Landes, und es bildet sich ein U-förmiges Tal.

Aus der Nähe betrachtet
Der Pilot dieses Flugzeugs kann genau zuschauen, wie eine Eiswand von einem Gletscher abbricht und dann ins Wasser stürzt.

Eiskraft
Wenn Wasser in einer Flasche gefriert, braucht es mehr Platz und sprengt die Flasche. Auch das Wasser, aus dem Gletschereis besteht, braucht mehr Platz, wenn es gefriert. Es schiebt das Gestein beiseite.

Der Gletscher führt Geröll mit sich.

In den meisten Gletschern fließen Bäche und Flüsse aus geschmolzenem Eis.

Das bergab wandernde Eis kann Gesteinsbuckel abtragen.

Wenn der Gletscher zu schmelzen beginnt, lagert er die Felsen ab, die er mitgenommen hat.

Das untere Ende des Gletschers heißt Gletscherzunge.

Wenn ein Gletscher auf Wasser trifft, brechen Eisklumpen ab und schwimmen davon.

Wenn der Gletscher schmilzt, entstehen neue Flüsse.

Landschaftsformen
Bei diesem Tal erkennt man an seiner U-Form, daß es einst mit dem Eis eines Gletschers gefüllt war.

Balanceakt
Diesen riesigen Brocken hat ein Gletscher bewegt und auf weichem Kalkstein zurückgelassen. Der größte Teil des Kalksteins verwitterte, und nur ein kleiner Klotz blieb zurück.

Flüsse

Flüsse haben sehr viel Kraft, und ihr fließendes Wasser kann die Form des Landes verändern. Wenn Flüsse durch Gebirge und über Ebenen fließen, nehmen sie dabei riesige Mengen Gestein, Sand und Schlamm mit. Die werden dann irgendwo anders abgelagert, meistens an Flußbänken oder im Meer, so daß neues Land entsteht.

Absturz
Wenn ein Fluß über den Rand einer steilen Klippe oder über eine harte Felskante stürzt, entsteht ein Wasserfall. Dieser hier ist in Brasilien.

Ein Fluß entspringt meistens in einem Gebirge. Sein Wasser stammt vom Regen oder von geschmolzenem Schnee.

Wo das Gestein hart ist, bildet der Fluß Stromschnellen oder Wasserfälle.

Wenn der Fluß rasch steile Hänge hinunterfließt, trägt er dabei das Gestein zu einem V-förmigen Tal ab.

Sand, Schlamm und Kies werden vom Wasser als Sediment abgelagert.

Tiefes Flußbett
In den USA haben die Wasser des Colorado-River die größte Schlucht der Welt ausgehöhlt. Sie heißt Grand Canyon, ist 1800 Meter tief und 347 Kilometer lang.

Flußmündung
Dieses Sumpfland gehört zum Yukon-Delta in Alaska.

Der Fluß windet sich über flaches Land in breiten Biegungen oder Mäandern.

Wenn der Fluß das Meer erreicht, teilt er sich in kleine Bäche und bildet ein Delta.

Um die Kurve
Wenn ein Fluß flaches Land erreicht, wird er langsamer und fließt in Schleifen. Er hinterläßt Ablagerungen: Sand, Kies und Schlamm. Dadurch verändern sich Form und Lauf des Flusses.

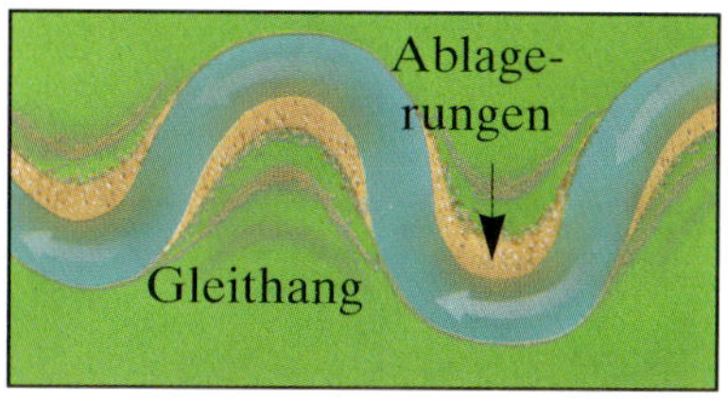

Der Fluß hinterläßt an Innenkurven Ablagerungen und trägt an Außenseiten Land ab.

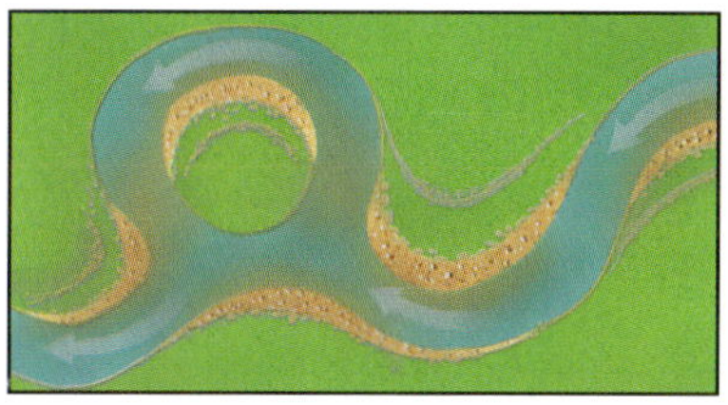

Die Ablagerungen verändern die Form der Biegung. Langsam verengt sich der Gleithang, bis ihn der Fluß durchschneidet.

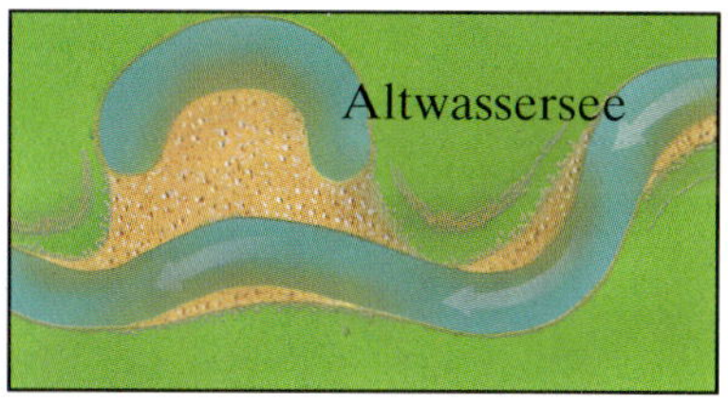

Es bleibt eine tote Flußschleife zurück, die Altwassersee genannt wird.

Bemerkenswerte Flüsse
Der längste Fluß der Welt ist der Nil in Afrika. Er ist 6671 Kilometer lang. Das größte Delta der Welt bedeckt etwa 44 000 Quadratkilometer, und es wird vom Ganges und vom Brahmaputra in Bangladesh und Indien gebildet.

Wüsten

Hast du gewußt, daß es unterschiedliche Arten von Wüsten gibt? Das kann ein Meer aus bewegtem Sand sein, ein flaches, steiniges Gebiet oder eine bergige Gegend aus zertrümmertem Gestein. Gemeinsam ist allen Wüsten, daß sie sehr trocken sind. Denn jährlich regnet es dort weniger als 25 Zentimeter. Dies muß aber nicht regelmäßig sein. Es kann an nur einem Tag im Jahr einen fürchterlichen Wolkenbruch geben.

Meer aus Sand
Es ist schwer, in der Wüste zu leben, aber ihr Anblick ist faszinierend. Diese Dünen liegen in Saudi-Arabien.

Schweifdüne

Sicheldünen

Längsdünen

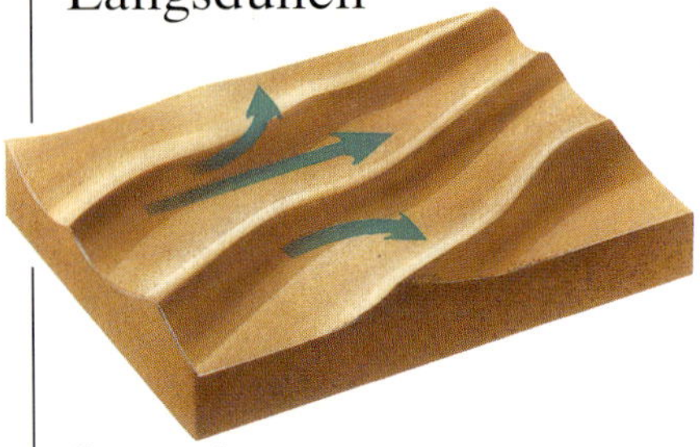

Sterndünen

Windkraft
Wind weht den Sand zu Hügeln auf, die man Dünen nennt. Sie haben unterschiedliche Formen und Bezeichnungen.

Wanderdüne
Stelle dir vor, der Haartrockner sei der Wind. Er bläst den Sand den sanften Hang der Düne hinauf. Von dort oben rieselt er auf der anderen Seite den steilen Hang hinunter. Wenn immer mehr Sand auf diese Art vom Wind bewegt wird, beginnt die Düne zu wandern.

Wasserkraft
Durch die ungeheure Kraft des Wassers ist diese tiefe Schlucht bei einer tunesischen Oase entstanden.

Landschaftsgestaltung
Wenn der Wind beständig Sand gegen die Felsen weht, bilden sich solche interessanten Formen.

Heiß und kalt
Dies ist eine der »Teufelsmurmeln« im nördlichen Australien. Durch die starken Unterschiede zwischen Hitze und Kälte in der Wüste wurden die äußeren Gesteinsschichten »abgeschält«.

Die Atmosphäre

Unser Planet ist von einer Gashülle umgeben, die man Atmosphäre nennt. Im Verhältnis zur gesamten Erde ist sie so dünn wie die Schale einer Orange. Ohne diese Hülle gäbe es kein Leben auf der Erde. Die Atmosphäre schützt uns davor, von der Sonne geröstet und von der Kälte des Alls gefroren zu werden. Sie enthält die Luft, die wir atmen, und hier bildet sich der Regen, der uns Wasser bringt.

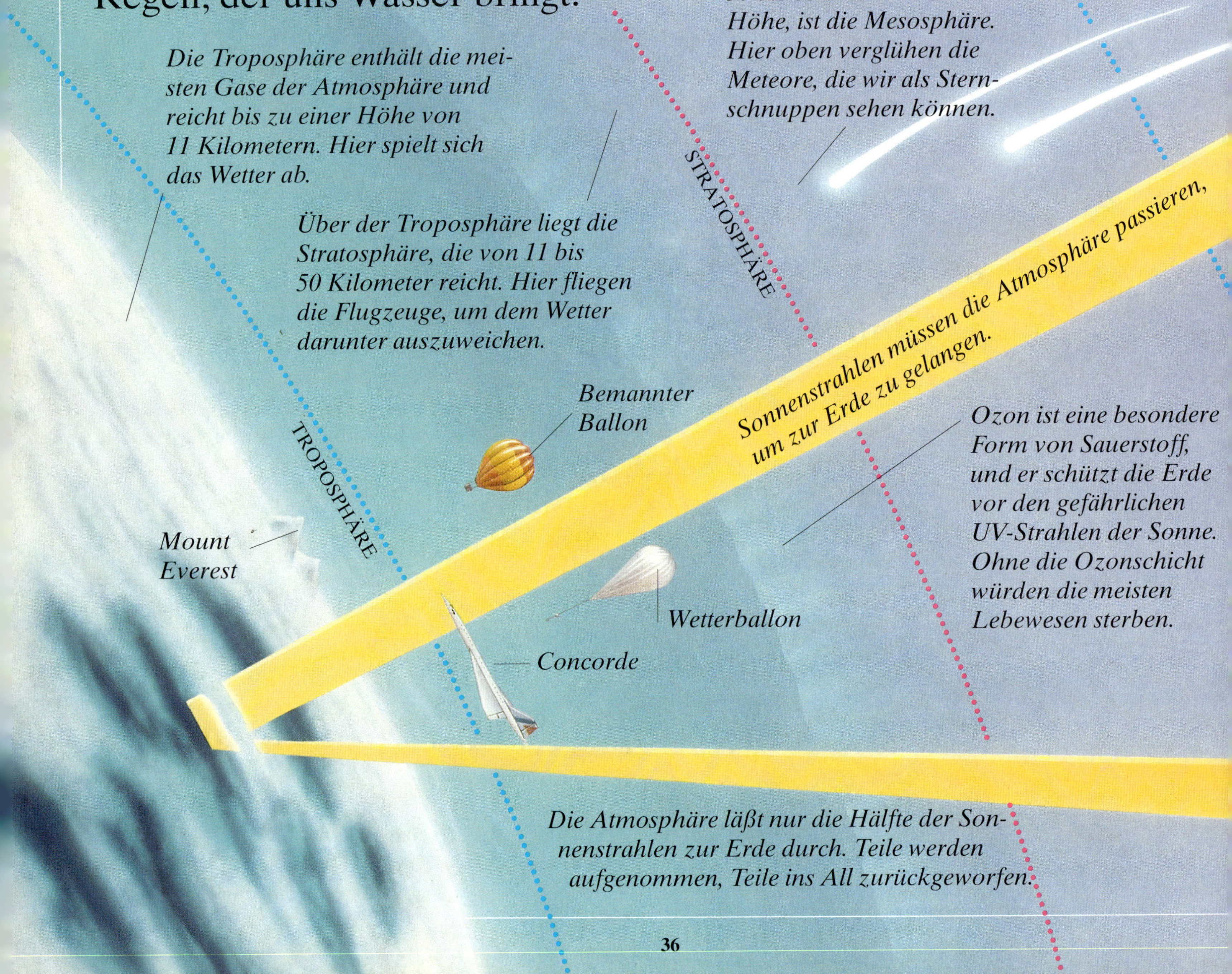

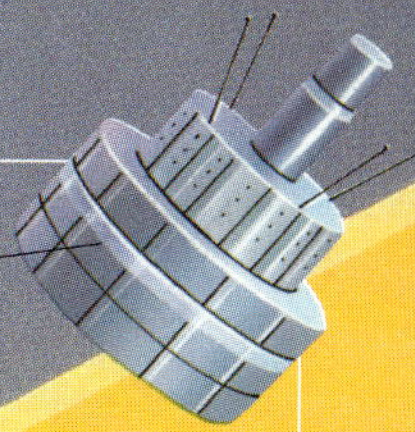

Satellit auf einer Umlaufbahn

Dies ist ein Space Shuttle. Mit solchen Raumfähren können Experimente im Weltall durchgeführt werden.

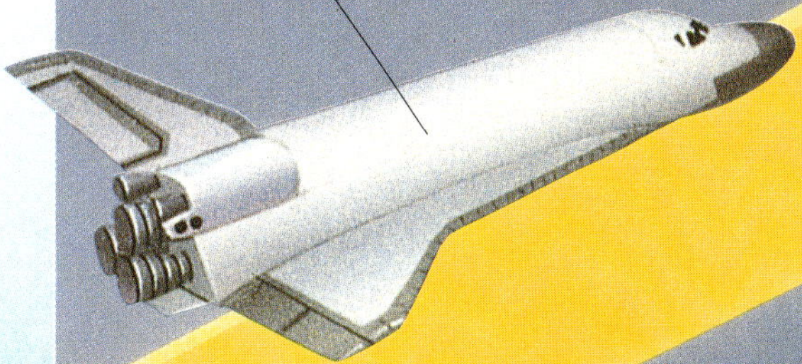

Woraus Luft besteht

Dieses Bündel Luftballons zeigt die Mengen der verschiedenen Gase in der Atmosphäre. Die blauen Ballons stehen für Stickstoff, die roten für Sauerstoff und der weiße für die anderen Gase.

Atemlos

Je höher man hinaufsteigt, desto weniger Sauerstoff enthält die Luft. Deshalb tragen Bergsteiger ab einer bestimmten Höhe Sauerstoffmasken.

Nordlichter sind flackernde, farbige Lichtbänder hoch oben in der Atmosphäre. Man sieht sie meistens in der Nähe von Nord- und Südpol als grüne, purpurrote und goldene Lichterscheinungen.

ie Thermosphäre ist ine Schicht aus sehr ünner Luft über der esosphäre. Sie efindet sich in 80 bis 80 Kilometern Höhe.

Atemluft

Die Luft, die wir atmen, können wir nicht sehen, aber sie ist lebenswichtig für uns. Ohne sie würden wir sterben. Luft besteht aus einem Gemisch von Gasen, das auch Sauerstoff enthält, der von Pflanzen und Bäumen abgegeben wird. Hier siehst du den tropischen Regenwald von Costa Rica.

Das Klima

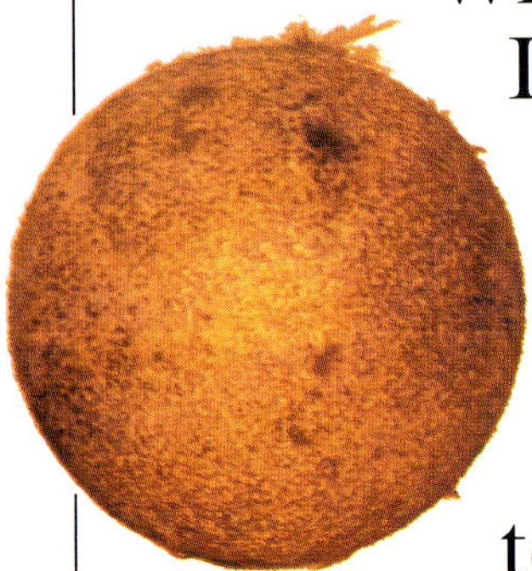

Wie ist das Wetter heute bei dir? Ist es kalt, heiß, neblig, windig, schneit es, oder ist es gemischt? Bleibt das Wetter das ganze Jahr über fast gleich, oder ändert es sich mit den Jahreszeiten? Das hängt davon ab, wo du lebst, aber auch von der Sonne, denn sie ist sehr wichtig für das Klima.

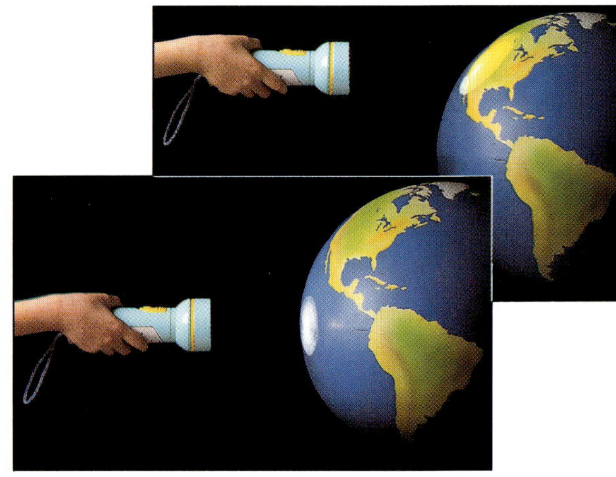

Heiß und kalt
Die Taschenlampe soll die Sonne sein. Wenn sie direkt auf die Mitte der Erde scheint, wird es dort heiß. Scheint sie ober- oder unterhalb, verteilt sich die Wärme, es wird dort also nicht so heiß.

Der heißeste Ort
Im Death Valley in den USA sind Temperaturen in Rekordhöhe gemessen worden.

Wie warm ist es?
An den Orten, die am Äquator liegen, ist es immer heiß. Wenn man sich vom Äquator nach Norden oder Süden entfernt, wird es immer kälter, bis man am Nord- oder am Südpol angelangt ist. Die farbigen Flächen zeigen an, welche Temperaturen in den verschiedenen Teilen der Welt herrschen.

- Immer heiß
- Heiß im Sommer, warm im Winter
- Heiß im Sommer, mild im Winter
- Warm im Sommer, kalt im Winter
- Kalt im Sommer, kalt im Winter
- Immer kalt

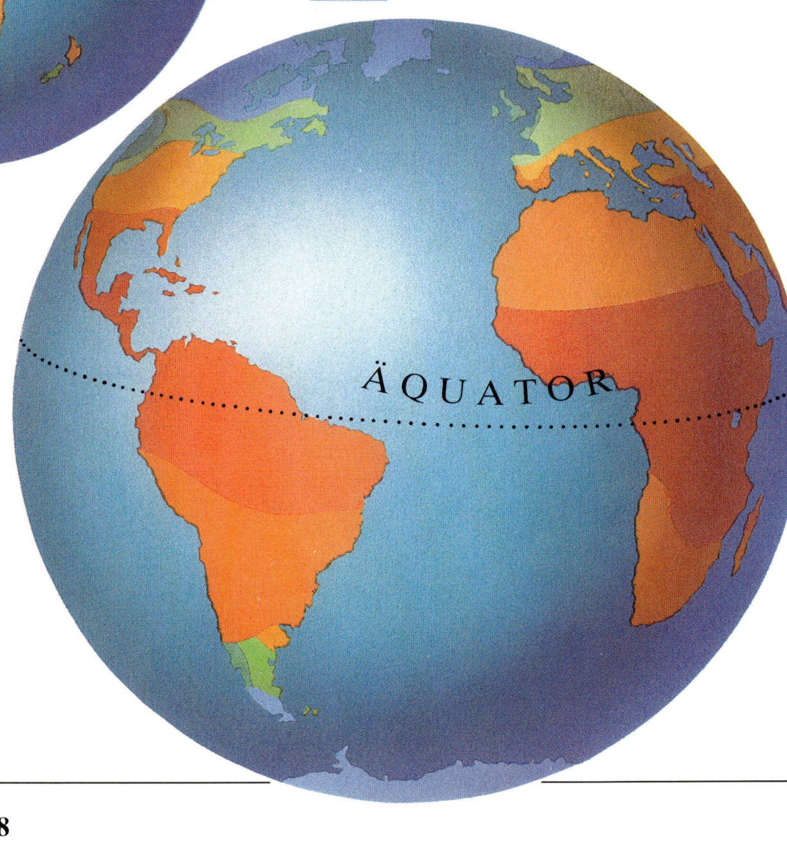

Der kälteste Ort
Am kältesten ist es in der Antarktis. Dort gibt es das ganze Jahr über Schnee und Eis.

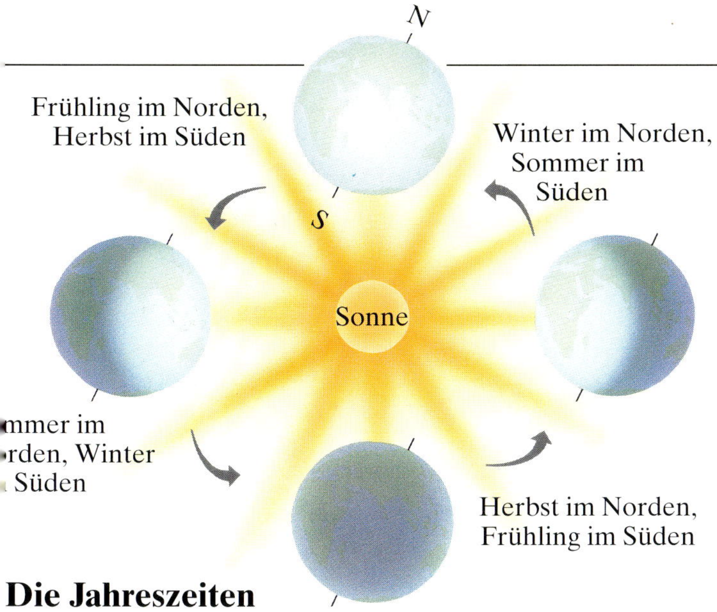

Die Jahreszeiten
Weil die Erdachse schräg ist, ändern sich die Jahreszeiten. Wenn die Erde um die Sonne wandert, ist es im sonnennäheren Bereich Sommer, im entfernteren Winter.

Sehr trocken
Die Atacama-Wüste in Chile gilt als die trockenste Wüste der Welt. Hier fällt im Durchschnitt jährlich nur ein Millimeter Regen.

Wie feucht ist es?
Am feuchtesten ist es um den Äquator, wo es fast jeden Tag regnet. Im allgemeinen fällt weniger Regen, je näher man dem Nord- oder Südpol kommt. Wenn du die Farben auf der Karte mit der Tabelle vergleichst, siehst du feuchte und trockene Gebiete.

- Heftiger Regen jeden Monat
- Leichter Regen jeden Monat
- Heftiger Regen je nach Jahreszeit
- Leichter Regen je nach Jahreszeit
- Kaum Regen
- Viel Schnee

Sehr feucht
Tutunedo in Kolumbien ist der feuchteste Ort der Welt. Hier fallen jährlich etwa 11 Meter Regen.

Eine drohende Katastrophe?
Viele Experten glauben, daß das Klima wärmer wird. Wenn es sich nur etwas erwärmt und das Eis an den Polen zu schmelzen beginnt, werden tiefer liegende Gebiete überflutet.

Wolken

Zirruswolken erscheinen wie zarte Federn hoch oben am Himmel.

Eine Wolke besteht aus Milliarden winziger Wassertropfen. Sie entstehen aus feuchter Luft, die von der Sonne erwärmt wird. Weil warme Luft leichter ist als kalte, steigt sie auf – genauso wie ein Heißluftballon. In einer Regenwolke treffen sich die winzigen Wassertropfen. Sie werden größer und schwerer, können nicht mehr in der Luft schweben und fallen dann als Regen zu Boden.

Auf …
Damit Wolken entstehen können, muß die Luft warm und feucht sein.

auf …
Wenn die feuchte Luft von der Sonne erwärmt wird, steigt sie nach oben wie Seifenblasen.

und davon!
Hoch oben am Himmel ist es kalt. Die warme Luft kühlt sich ab. Sie wird zu einer Wolke aus winzigen Wassertropfen.

Kumulonimbus

Feucht …
Wenn Warmluft über Meere, Seen und Flüsse fließt, nimmt sie Wasser auf.

feuchter …
Die Warmluft nimmt aber auch Wasser aus Pflanzen und Bäumen an Land auf.

am feuchtesten!
Wenn die warme, feuchte Luft aufsteigt, etwa über Bergen, trifft sie auf Kaltluft. Es entsteht eine Wolke aus kleinen Wassertropfen, die sich dann zu Regentropfen verbinden.

Kumuluswolken bilden aufgequollene weiße Haufen. Sie befinden sich zwischen Zirrus- und Stratuswolken. Meistens bringen sie warmes, trockenes Wetter.

Stratuswolken sehen aus, als bestünden sie aus Schichten. Sie hängen tief am Himmel und bringen feuchtes, manchmal stürmisches Wetter.

Vogel oder Flugzeug?
Dieses seltsame Gebilde sieht aus wie ein Raumschiff. Es ist aber eine Linsenwolke.

Blitz und Donner

Ein Blitzstrahl ist ein gigantischer Funken aus statischer Elektrizität. Es ist die gleiche Art von Elektrizität, die sich knisternd entlädt, wenn man mit dem Kamm durchs Haar fährt. Sie entsteht, wenn zwei Dinge aneinander reiben. Beim Blitz reiben in einer Wolke Eiskristalle und Wassertropfen aneinander. Dann kommt es in der Wolke zu Flächenblitzen, zwischen Wolke und Boden zu verästelten Linienblitzen. Dabei werden starke Schockwellen ausgesandt, die als Donner zu hören sind.

Statische Elektrizität
Wenn beim Ausziehen eines Pullovers Kopf und Pullover aneinander reiben, kann statische Elektrizität entstehen.

Gewitterwolken sind sehr groß, aufgequollen und dunkel.

Verästelter Linienblitz

Wie der Blitz einschlägt
Ein Blitzstrahl besteht aus einer Reihe von Funken, die so schnell aufeinander folgen, daß sie wie ein einziger Strahl aussehen. Diese Funken bewegen sich innerhalb der Wolke oder zwischen Wolke und Boden hin und her.

Seltsame Erscheinung
Kugelblitze sehen aus wie Feuerbälle und können weiß, rot, gelb oder blau sein. Sie dringen durch Kamine in Gebäude ein und fahren unter der Tür wieder hinaus.

Blitzschlag
Linienblitze suchen sich den schnellsten und kürzesten Weg zum Boden. Daher sind Bäume, hohe Gebäude und Gebirge blitzschlaggefährdet.

Wenn ein Blitzstrahl durch die Luft zuckt, wird es dort fünfmal heißer als auf der Oberfläche der Sonne.

Der Kern eines Blitzstrahls kann nur einen Zentimeter dünn sein.

Energiebündel
Mit der Energie eines Blitzstrahls könnte eine Kleinstadt ein Jahr lang versorgt werden.

Wind

Wind ist eigentlich bewegte Luft. Man kann ihn selbst zwar nicht sehen, ihn aber spüren und sehen, was er bewirkt. Wind kann als sanfte Brise auftreten oder als Hurrikan – auch Wirbelsturm genannt. Dann richtet er große Zerstörungen an.

Woher weht der Wind?
Wetterhähne drehen sich so, daß ihr Kopf in die Richtung zeigt, aus der der Wind weht.

Wirbelbildung
Wasser dreht sich beim Abfließen mit einem starken Wirbel und einem Loch in der Mitte. Das gleiche geschieht bei einem Hurrikan, nur zieht er dabei nach oben.

Was in einem Hurrikan passiert

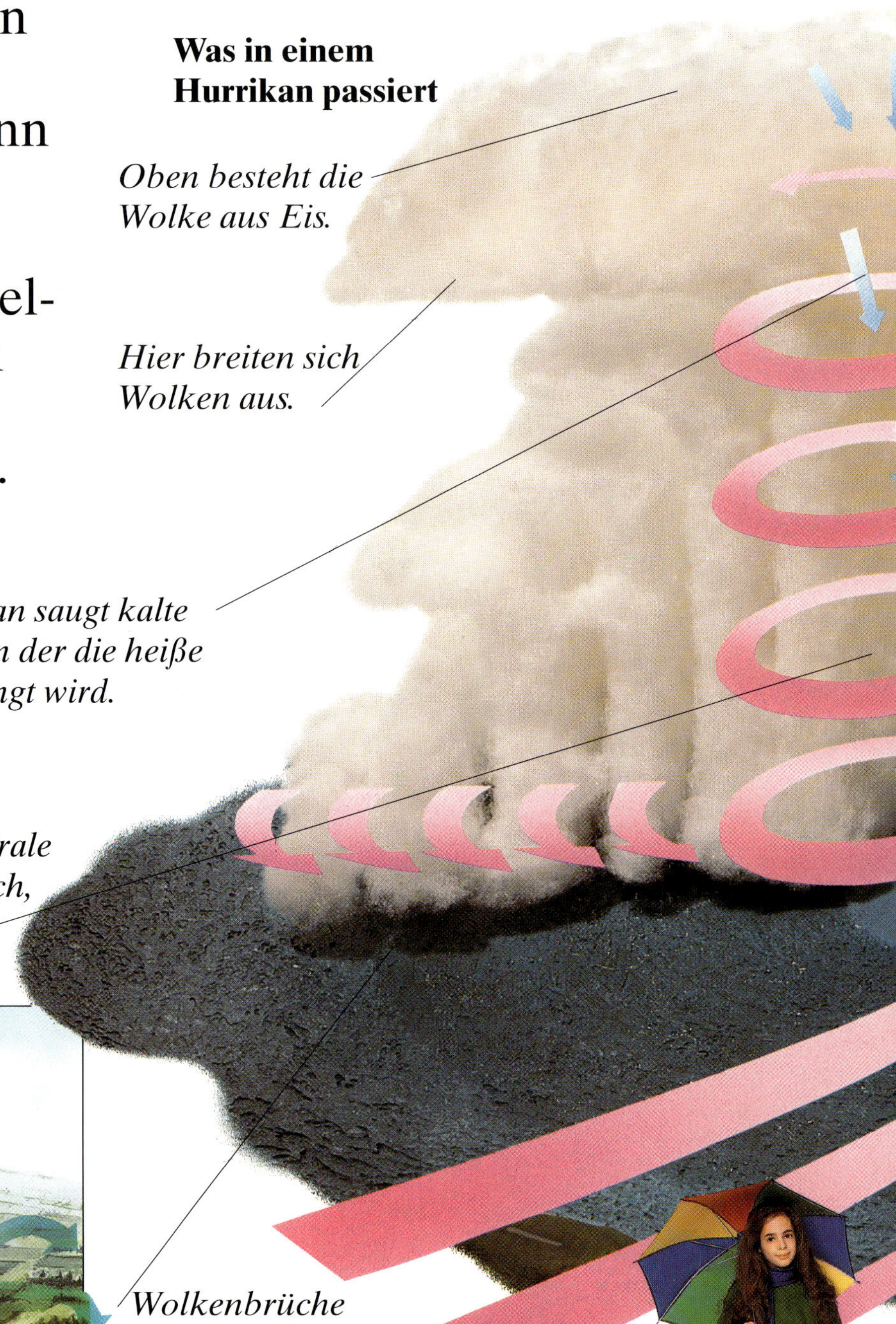

Oben besteht die Wolke aus Eis.

Hier breiten sich Wolken aus.

Der Hurrikan saugt kalte Luft ein, von der die heiße Luft verdrängt wird.

Im Zentrum der Spirale ist ein ruhiger Bereich, Auge genannt.

Wolkenbrüche ergießen sich um das Auge.

Warum der Wind weht
Winde entstehen durch aufsteigende oder absinkende Luft. Wird Luft von der Sonne erwärmt, steigt sie auf. Um die Warmluft zu ersetzen, wird kalte Luft angezogen. Wenn Luft kalt ist, ist sie schwer und sinkt ab. Sobald sie die Erdoberfläche erreicht, entweicht sie in Kurven nach außen.

Wie schnell ist der Wind?
Die Beaufort-Skala zeigt an, wie schnell und stark der Wind weht. Gemessen wird seine Wirkung auf Bäume und Häuser. Die Windstärke ist in Grade von 0 bis 12 eingeteilt.

Grad: 1–3, leichte Brise
Geschwindigkeit:
4–24 km/h

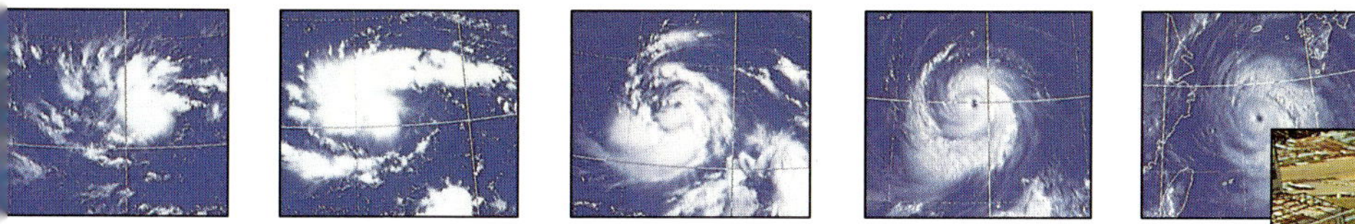

Sturmwarnung
Diese Satellitenfotos aus dem All zeigen, wie ein Wirbelsturm entsteht: Stürme finden sich über dem Meer zu einem großen, mächtigen Wirbel zusammen.

Niedergewalzt
Zerstörte Gebäude markieren den Weg eines Wirbelsturms, der über Darwin in Australien wütete.

Einige Wirbelstürme können 800 Kilometer breit sein.

Heiße Luft steigt spiralförmig um das Auge auf.

Zerstörerische Kräfte
Tornados oder Tromben sind wirbelnde Windtrichter, die Bäume, Autos und Gebäude wie ein riesiger Staubsauger in die Luft saugen und sie dann wieder zu Boden schmettern.

Grad: 4–5, frische Brise
Geschwindigkeit:
25–46 km/h

Grad: 6–7, starker Wind
Geschwindigkeit:
47–74 km/h

Grad: 8–9, Sturm
Geschwindigkeit:
75–110 km/h

Grad: 10–11, starker Sturm
Geschwindigkeit:
111–150 km/h

Grad: 12, Orkan
Geschwindigkeit:
über 150 km/h

Die Erhaltung unserer Umwelt

Auf der Erde leben unglaublich viele Tiere, Pflanzen und Menschen. Wie eine Arche Noah im All gibt sie allen eine Heimstatt. Sie bietet uns Schutz, Wärme, Nahrung, Wasser und die Luft, die wir zum Atmen brauchen. Wie Noahs Schiff braucht auch unsere Erde Pflege. Das ist eine gewaltige Aufgabe, die aber nur wir Erdbewohner erfüllen können.

Die Meere erhalten
Wenn wir die Verschmutzung unserer Meere und Ozeane stoppen, können wir die Meeresbewohner der Welt vor dem Aussterben bewahren.

Bäume des Lebens
Wir müssen die Vernichtung der Regenwälder beenden, damit Millionen Arten von Tieren und Pflanzen ihren Lebensraum behalten.

Andere Energien
In Zukunft fahren Autos vielleicht mit Sonnenenergie. Ein weiterer Ersatz für das Benzin sind Treibstoffe aus Pflanzen wie zum Beispiel aus Zuckerrohr.

Die Luft reinigen
Wenn Fabriken und Auspuffrohre weniger Giftgase ausstoßen, wird die Qualität der Luft, die wir einatmen, besser.

Lebensraum
Auf unserem Planeten sind Milliarden von Menschen zu Hause. Wir müssen dafür sorgen, daß diese Zahl nicht immer noch weiter steigt.

Was du tun kannst
Gib Flaschen, Dosen, Papier und Aluminium zur Wiederverwertung. Verwende keine Plastikverpackungen. Spare Energie, indem du Lampen ausschaltest, wenn sie nicht gebraucht werden. Benutze möglichst Recyclingpapier.

Noch einmal davongekommen
Wenn wir Tiere wie diesen Leoparden schützen und ihren Lebensraum erhalten, können wir sie vor dem Aussterben bewahren.

Stichwörter

Äquator Eine gedachte Linie um die Erdkugel.

Ästuar Eine bestimmte Art von Flußmündung.

Atmosphäre Eine Gashülle, die einen Planeten oder Mond umgibt.

Brandungssäule Ein Felspfeiler, der in Küstengewässern nach dem Einsturz eines Bogens stehengeblieben ist.

Cuesta Eine Stufe aus hartem Gestein in der Wüste.

Delta Eine Ansammlung von Sand, Schlamm und Gesteinsfragmenten an der Mündung eines Flusses.

Düne Eine Sandanhäufung, die vom Wind zu einem Hügel aufgeweht wurde.

Erdbeben Plötzliche Bewegungen in der Erdkruste, die zu heftigen Erschütterungen führen.

Fossil oder **Versteinerung** Tier- oder Pflanzenreste, die in Gestein erhalten sind.

Galaxis Eine riesige »Sterneninsel« im Weltraum.

Gletscher Eine mächtige Eismasse, die sich sehr langsam bergab bewegt.

Globus Eine Nachbildung der Erde.

Herd Die Stelle in der Erde, von der ein Erdbeben ausgeht.

Hurrikan Ein starker Wind, der sich über tropischen Meeren bildet.

Jahreszeiten Zeitabschnitte des Jahres mit einem bestimmten Klima.

Klima Das durchschnittliche Wetter in einem Gebiet.

Kontinent Eines der sieben großen Landgebiete auf der Erde.

Korallenriff Eine Ansammlung von Korallenskeletten und Kalkablagerungen im Meer.

Küstenlinie Die Stelle, an der Land und Meer aufeinandertreffen.

Lava Rotglühendes, geschmolzenes Gestein, das beim Ausbruch eines Vulkans an die Erdoberfläche gelangt.

Magma Geschmolzenes Gestein tief in der Erde.

Mantel Die Schicht unter der Erdkruste.

Mercalli-Skala Eine 12stufige Skala, die die Erschütterungsgrade der Erde bei einem Erdbeben anzeigt.

Mesa Ein großes, tafelartiges Gebiet in einer Wüste.

Mond Ein Himmelskörper, der sich um einen Planeten bewegt.

Ozean Ein großes Meer.

Planet Ein großer, runder Himmelskörper, der einen Stern umrundet.

Pyramide Hartes Wüstengestein, das zu einer Felszinne verwittert ist.

Restberg Ein kleiner, oben flacher Hügel in Wüsten.

Sandbank Ein neues Stück Land, das die Wellen aus Sand, Schlick und Kieseln aufgehäuft haben.

Satellit Ein Mond oder ein anderes Objekt im Weltall, das einen Planeten oder Stern umrundet.

Schlucht Ein von einem Fluß erzeugtes tiefes und sehr enges Tal.

Sediment Sand, Schlamm und Kies, die von Wind, Wasser oder Eis abgelagert worden sind.

Strömung Bewegung in einer bestimmten Richtung im Wasser von Meeren oder Flüssen.

Tide Das regelmäßige Steigen (Flut) und Fallen (Ebbe) des Meeres.

Tornado Ein wirbelnder Windtrichter.

U-förmiges Tal Das von einem bergab wandernden Gletscher ausgeschabte Tal.

V-förmiges Tal Das von einem bergab fließenden Fluß ausgewaschene Tal.

Verwitterung Die langsame Zersetzung von Gesteinen durch Wind, Regen und Eis.

Vulkan Die Stelle, an der heißes, flüssiges Gestein und Gase durch die Erdkruste austreten.

Wolkenbruch Ein plötzlicher heftiger Regenguß in der Wüste.

Wüste Ein Gebiet, in dem jährlich weniger als 25 Zentimeter Regen fallen.

Danksagung

Fotografie: Tina Chambers, Geoff Dann, Steve Gorton, James Stevenson.
Illustrationen: Jim Channell, Roy Flooks, Mick Gillah, Keith Hume.
Modelle: Donks Models.
Besonders danken möchten wir: H. Samuel Ltd., Truly Scrumptious Child Model Agency.

Bildnachweis

Ancient Art & Architecture Collection: 22; **Ardea:** François Gohier 46r, Clem Hagner 11gu, 47gu, D. Parer & E. Parer-Cook 11go; **Biofotos:** Heather Angel 31mr, Bryn Campbell 27, Brian Rogers 31mro; **Bruce Coleman:** Stephen J. Kraseman 47gol; **Frank Lane Picture Agency:** Australian Information Service 45gor, Ray Bird 43r, R. Jennings, 43l, S. McCutcheon 30mlu; **G.S.F. Picture Library:** 3, 14, 15, 25gor; **Rafn Hafnfjord:** 13; **Robert Harding Picture Library:** 25gol, 45gu; **Image Bank:** James H. Car michael 37; **Japan Meteorological Agency/National Meteorological Library, Bracknell:** Umschlagrückseite, 45gol (1–5); **Mountain Camera:** John Cleare 36; **NASA:** 6go & gu; **NHPA:** A.N.T./Grant Dixon 39go, G. I. Bernard 46l; **Oxford Scientific Films:** Doug Allen 41, Stuart Bebb 18l, Martyn Colbeck 35m, Warren Faidley 42/43, Terry Middleton 25gu; **Dr. Chris Pellant:** 28; **Pictor:** 1, 21 33go, 40; **Planet Earth Pictures:** Rob Beighton 38m, G. Deichmann/Transglobe 35gu, Hans Christian Heap 34, Umschlagrückseite, John Lythgoe 18r, Mike Potts 33gu, K. Puttock 38gu; **Science Photo Library:** ESA Umschlagvorderseite, 4gol, 8gol, Geosphere Project, Santa Monica/Tom Van Sant 8mr, 9ml, Maptec International 8gor, NASA 8gul, 9gol & gor, 38go, National Snow & Ice Data Center 9mr, Claude Nuridsany & Marie Perennou 30gol, mlo & gul, 31gor & gur, David Parker 16, Sheila Terry 19r; **South American Pictures:** Tony Morrison 39gu; **John Massey Stuart:** 23; **ZEFA:** 47gor, ALLSTOCK/W. McIntyre 19l, ALLSTOCK/Art Wolfe Vorsatzblatt, A.P.L. 29gu, DAMM 32, Knight & Hunt 35go, Rossenbach 29go.

go – **ganz oben**, l – **links**, o – **oben**, mu – **Mitte unten**, gu – **ganz unten**, r – **rechts**, m – **Mitte**, mlu – **Mitte links unten**, mro – **Mitte rechts oben**, mru – **Mitte rechts unten**

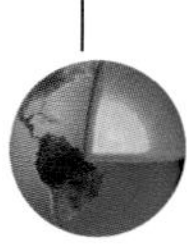

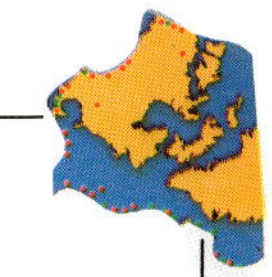

Register